DWY DDRAMA HA HA! 2

GWYLLTIO a
FFYRST RISPONDARS

Cynllun y clawr wedi'i godi o lun Clwb Ffermwyr Ifanc Pontsiân yn perfformio'r ddrama 'Oli', sy'n rhan o'r gyfres hon, gan Carwyn Blayney, Cennydd Jones ac Endaf Griffiths a ddaeth yn fuddugol yng Ngwledd Adloniant C.Ff.I. Cymru yn Galeri, Caernarfon, ym mis Chwefror 2020.

YN Y LLUN: *(o'r chwith)* Cennydd Jones, Carwyn Blayney, Glesni Mai Thomas, Gwion Ifan, Siriol Teifi ac Endaf Griffiths

Argraffiad cyntaf: 2021
Hawlfraint: yr awduron

Cedwir pob hawl.
Ni chaniateir atgynhyrchu unrhyw ran o'r cyhoeddiad hwn,
na'i gadw mewn cyfundrefn adferadwy, na'i drosglwyddo mewn
unrhyw ddull na thrwy unrhyw gyfrwng, electronig, electrostatig, tâp magnetig,
mecanyddol, ffotogopïo, recordio, nac fel arall.
Mae'r awduron yn rhoi caniatâd i bob cwmni drama cymdeithasol i berfformio'r
dramâu hyn fel rhan o nosweithiau a chystadlaethau a gwyliau drama.
Nid oes rhaid cysylltu â'r awduron i sicrhau'r caniatâd hwnnw ac ni chodir
tâl perfformio am y cynyrchiadau hynny.

Rhif Llyfr Safonol Rhyngwladol: 978-1-84524-408-8

Cynllun clawr a dylunio: Eirian Evans

Cyhoeddir gan bwyllgor Gŵyl Ddrama'r Odyn
gyda chymorth Cronfa Fferm Wynt Coedwig Clocaenog
a nawdd Gwasg Carreg Gwalch, Llanrwst

Yr Odyn, papur bro Nant Conwy, oedd y papur bro cyntaf i gynnal Gŵyl Ddrama flynyddol er mwyn codi arian at gynnal y papur. Cynhaliwyd y gyntaf yn 1978 ac o'r dechrau un daeth doniau a miri cymdeithasol yr ŵyl yn rhan o galendr blynyddol yr ardal. Mae'r ŵyl yn dal i gael ei chynnal yn flynyddol – er bod cyfnod clo'r pandemig diweddar wedi golygu gohirio'r ŵyl ddiweddaraf. Mae'r ŵyl hon yn anad yr un arall felly yn ymwybodol o'r angen am fwy o ddramâu cymdeithasol i gadw'r math hwn o ddiwylliant yn fyw yn ein cymunedau. Dyna pam yr aeth y pwyllgor ati i gasglu dwsin o ddramâu defnyddiol at ei gilydd a threfnu'r nawdd fel bod modd adfer y math hwn o fwrlwm theatrig a oedd yn rhan o ddiwylliant Cymru yn y gorffennol.

GWYLLTIO

Perfformiwyd gyntaf yng Ngŵyl Ddramâu Llanuwchllyn,
Tachwedd 2019

gan

Haf Llewelyn

Geiriau'r Caneuon – Eleri Llwyd

Pan mae Tegid Foel yn cael syniadau mawr,
does wybod pa greaduriaid od fydd yn
cael rhyddid i grwydro'r ardal…

GWYLLTIO

GOLYGFA: Mae'r ddrama'n digwydd mewn plasty rhywle yng Nghymru. Mae gan Tegid Foel* gyfrinach, ac i geisio cadw pobol oddi ar drywydd ei gyfrinach mae'n penderfynu ail-wylltio'r tir sydd yn ei amgylchynu. Mae'n cael cefnogaeth yr arch-ddrwgweithredwr, Mr Gwyllt. Ond mae Tegid Foel yn hoff iawn o dechnoleg, ac yn ei blasty mae ganddo declyn tebyg i Alexa, enw'r teclyn hwn yw Pam. Mae Pam mewn blwch sy'n goleuo wrth ymyl wal ddychmygol ar y llwyfan. Yn anffodus mae Pam yn gwneud camgymeriadau weithiau...

CYMERIADAU:

Tegid Foel	brenin (Penllyn neu leoliad o'ch dewis. * Yn dynodi mannau i newid enwau a lleoliadau)
Mr/Mrs Gwyllt	entrepreneur o Americanwr
Twpsen/Twpsyn	morwyn/gwas
Bytler	cymeriad hynafol iawn yr olwg
Moelwyn	ffermwr
Mali	ffermwraig
Bari/ Barbra	barbwr

GOLYGFA – Tegid Foel yn cyfrif ei arian. Sŵn ffôn

TEGID: £999,00. Twpsen! Twpsen! Lle wyt ti'r pen nionyn? Twpsen, ateb y ffôn yna neno'r argol fawr! Reit sydyn 'fyd! Does gen i bethe gwell i'w gwneud nag ateb y ffôn.

TWPSEN: (yn brysio, ei gwallt yn flêr, desgil gacen dan ei braich a blawd ymhob man) Helo, Tegid Moelfama, sut medrai helpu?

TEGID FOEL: Naci siŵr nid fel yna rwyt ti'n deud, nefi blŵ ti'n dwp. Nid Tegid Moelfama, ydi enw'r lle 'ma siŵr a be' bynnag dwi ddim isho PAWB wybod nagoes!

TWPSEN: (rhoi ei llaw dros y ffôn) Sori! Be dwi fod i ddeud eto? Tegid Foel – (mewn acen Saesneg) King Tegid's residence, Wolf's Hall, Bala Lake, Gwynedd*.

TWPSEN: Oce – (mewn acen Gymreig) King Tegid Foel's resi, resi, resi – plês, Wolf's Castle, Bala Lake, Gwynedd – haw can ai 'elp iw? O ia. Ym, ydi mae o, nadi dydio ddim, ydi mae o, nadi dydio ddim...

TEGID FOEL: Pwy sy'na? Be mae o isho?

TWPSEN: Ydi mae o, na dydio ddim... Ym, dwi'm yn gwybod pwy sy' na, ond mae pwy bynnag sydd yma isho gwybod os ydi Tegid Foel adre?

TEGID FOEL: (yn edrych arno'i hun yn y drych) Ydi mae o.

TWPSEN: Neu ydi o wedi mynd i ffwrdd i ddwyn mwy o bres gan bobol dlawd yr ardal ac i baratoi am y *cunning plan*? Be sy isho fi ddeud?

TEGID: Tyd â fo yma nei di – iesgob ti moooooor dwp! Helowww? (siarad yn foesgar iawn) O, Mr Gwyllt, chi sydd yna? O ydw dwi adre a o naddo mae'n ddrwg gen i, tydw i ddim wedi mynd allan i ddychryn, waldio, dwyn a chamarwain pobol y fro... eto de. Sori? Oce, ar fy ffordd... wrth gwrs nad ydio'n broblem! Pa rai tro yma? (sgwennu ar ddarn o bapur hir, hir), Mali a Moelwyn, Bryn Braf – dim problem siŵr Mr Gwyllt, mi fydd y ffarm yn eiddo i chi cyn diwedd yr wythnos – dwi'n addo. Hwyyyyyl (sŵn blaidd). (gweiddi ar y teclyn Pam) – Pam – wnei di anfon rhybudd talu rhent blin, blin, blin at Mali a Moelwyn, Bryn Braf, rŵan. Deud mod i isho mil o bunna o rent yr wythnos a hynny cyn diwedd y dydd. Ofyyr and owt!

LLAIS PAM: Wrth gwrs o frenin. Rhywbeth arall?
TEGID: Nagoes... O oes – pwy ydi'r brenin mwyaf golygus, ym Mhenllyn*?
LLAIS PAM: Tegid Foel ydi'r brenin mwyaf golygus ym Mhenllyn o frenin.
TEGID: (edrych yn y drych ac yn chwerthin) – Wrth gwrs... Y Brenin Tegid (mynd yn ôl i gyfrif arian) Hihihi!

Cân – Arian am Ffarm. *(i'w chanu ar unrhyw dôn wnaiff ffitio!)*

Arian am ffarm, arian am gae
arian am sgubor, beth bynnag gai
dolars am dwlc, dolars am ddôl
dolars llond banc nai'm dal yn ôl,
dal arian llond llaw, af ar fy llw
i wneud arian, yna gwneud mwy
gwerthu ffermydd fan hyn, a ffermydd fan draw
ac arian yn llosgi yn fy llaw–
Ta-tâ ffa-tâ ffer-m, ta-tâ defaid
Alpacas y Parc*, a gwartheg hefyd
    A mi fyddaf werth fy miloedd
      Trwy daflu ffermwyr off eu tiroedd x2

Cnoc ar y drws.

TWPSEN: Ydach chi isho fi fynd i ateb hwnna?
TEGID: (edrych o'i gwmpas) Na, popeth yn iawn, geith y tylwyth teg fynd.
TWPSEN: O dyna fo ta'.
TEGID: (yn flin) Wrth gwrs mod i isho ti fynd... Twpsen!
BYTLER: (mae'r Bytler yn eistedd wrth y drws trwy'r ddrama, gan hepian cysgu, yma mae'n codi'n ara deg iawn a daw sŵn gwichian o rhywle) Mi âf i...
TWPSEN: Dyna fo ta, mi a i nôl i neud cacen. Dwi wedi cael ryseit newydd gwych gan Pam. Diolch Pam!
LLAIS PAM: Croeso siŵr!

Twpsen yn mynd yn ei hôl i wneud cacen. Bytler yn dod i mewn a Bari Barbwr yn ei ddilyn. Mae ganddo siswrn anferth.

BARBWR: Bari'r Barbwr at eich gwasanaeth syr! Be dach isho heddiw –
Os am drim, pyrm, mohican –
fi di'r boi i chi,
fi di'r un am unrhyw hercan–
I'm the one i chi.

TEGID: Jest trim bach os gweli di'n dda, rhaid i mi edrych ar fy ngore pan ddaw Mr Gwyllt draw, dydio ddim eisiau gweld rhyw hen sgryff a finna'n frenin de...

BARBWR: Reit – ista fanna rŵan ta.

TEGID: Hold on – (edrych o'i gwmpas i wneud yn siŵr nad oes neb yno – dim ond y Bytler sy na ac mae hwnnw'n cysgu) Mae yna un peth – mae beth bynnag gweli di o dan y goron yma i aros yn gyfrinach – dallt? Neu mi fydd yna ganlyniad dychrynllyd. (mae'n tynnu ei fys ar draws ei wddw'n fygythiol)

BARBWR: Duwcs, dwi wedi gweld popeth sti – does yna ddim byd yn fy synnu fi de.

TEGID: Iawn felly, ond cofia be dwi wedi ddeud... (y barbwr ar fin tynnu'r goron pan mae yna sŵn cnocio mawr ar y drws eto) STOP! Paid a thynnu'r goron! Twpsen, Twpsen ateb y drws!

BYTLER: (yn ara deg iawn a sŵn gwichian) Mi af i...

Sŵn mawr o'r drws a daw Mali a Moelwyn i mewn yn chwifio llythyr.

TEGID: O na, mae nhw yma'n barod. Reit i'r gegin â chdi. Gei di gacen gan Twpsen os ti'n anlwcus. (barbwr yn mynd i'r gegin at Twpsen) Ia, be ydach chi isho?

MALI: Dwi wedi cael llythyr bore ma yn deud fod yn rhaid i mi dalu rhent y ffarm cyn diwedd yr wythnos neu bydda i'n cael fy lluchio allan.

MOELWYN: (yn dilyn ei wraig yn agos) Lluchio allan.

TEGID: Weeeel? Be sy' o'i le efo hynna? Rhaid i chi dalu rhent yn bydd? Does 'na ddim byd i'w gael am ddim nagoes?

MALI: Nagoes dwi'n gwybod hynny, ond mae'r rhent wedi codi yn wirion tydi. Fedrwn i ddim fforddio mil yr wythnos siŵr, ma hynna'n bedair mil y mis... a ti Tegid wedi cael rhyw syniadau mawr yn dy ben – dwy ti ddim yn frenin siŵr... jest boi bach o'r Bala* wyt ti.

MOELWYN: Be sy di gneud i ti gael y syniada mawr yma?
TEGID: Achos mod i'n symud i fyny yn y byd de... reit y rhent...
MALI: Ond fedrwn ni ddim talu hynna siŵr iawn.
TEGID: OOOO bechod – arhoswch chi rŵan ta i mi neud fy syms – (edrych ar ei gyfrifiadur, yna gweiddi ar Pam) Dym di dym dym – Pam... Faint o fisoedd o rent sydd yn ddyledus gan M and M?
LLAIS PAM: Blwyddyn o ddyled o frenin.
MALI: Blwyddyn?
MOELWYN: Sawl mis ydi hynna? (dechrau cyfrif ar ei fysedd) Ym Ionawr un, Chwefror 2, Mawrth 3, Ebrill 4
TEGID: A mae hi'n Dachwedd rŵan a dim rhent wedi dod i'r golwg...
MOELWYN: O na! Oedd rhaid i chi ddeud hynna rŵan... rhaid i mi ddechrau eto rŵan... Ionawr un, Chwefror 2, Mawrth 3...
MALI: Hishd! 12 mis mewn blwyddyn siŵr, felly...
TEGID: Felly mae arnoch chi ANDROS o lot o bres i mi neu...
MOELWYN: (yn trio bod yn ddewr) Neu be? Y? Be nei di Tegid Foel?
TEGID: (yn cogio bod yn ffeind) Ydi Siôn Corn yn dod i Bryn Braf 'leni ta?
MOELWYN: Ydi wrth gwrs, dani'n mynd i gael coeden a gŵydd fawr braf, un fwy na* (enwau pobol leol) a chracyrs de...
TEGID: Weeeel, am braf! Oooo lyfli. Ydach chi wedi sgwennu llythyr iddo fo?
MALI: I bwy?
TEGID: I Siôn Corn siŵr.
MOELWYN: Naddo ddim eto.
TEGID: O da iawn achos mae angen i chi ddeud wrtho fo lle byddwch chi does.
MOELWYN: O mae Siôn Corn yn gwybod lle mae Bryn Braf siŵr iawn, mae o'n dwad i Bryn Braf pob 'Dolig tydi...
TEGID: Ydi siŵr, ond ydi o'n gwybod lle mae'r... JÊL?
MOELWYN: I be fasa fo isho gwybod hynny?
TEGID: Achos mai yn fanno fyddwch chi de – twmffat – yn y JÊL, a titha Mali.
MALI: Rhag ych cwilydd chi'n bygwth dau onest fel ni!
MOELWYN: Ia, dach i'n disgrês!
MALI: Ia da Moelwyn – Disgrês!

TEGID: (dynwared) Disgrêêês!

MALI: Ond fedrwn ni ddim dod o hyd i hynna o bres erbyn diwedd yr wythnos siŵr iawn!

TEGID: O hen dro!

MALI: Reit dwi ddim am gymryd hyn – dwi'n gwybod be ydi dy gynllun di a'r Lordyn yna dwi'n weld yn lordio o gwmpas y lle 'ma weithia – hwnna sy'n dod yma yn ei helicoptar i ddychryn bobol onast fel ni.

MOELWYN: Onast fel ni de Mali.

MALI: Dwi'n gwybod yn iawn – isho troi'r lle ma'n barc chwarae mawr ydach chi de. Cael anifeiliad sydd wedi marw allan ers oes yn ôl yma ydach chi...

MOELWYN: Deinosors wrth droed yr Aran*...

TEGID: Dim byd yn newid yn fanna nag oes...

MALI: Troi'r lle ma'n Jurassic Park mawr gwyllt

MOELWYN: Disgrês!

TEGID: O peidiwch â bod mor ddramatig wir! *Progress* mae nhw'n ei alw fo Moelwyn bach – *progress*. Rhaid i ni gyd symud efo'r oes chi.

BYTLER (o'i sedd wrth y drws) Symud efo'r oes...

TEGID: Reit, os nad oes yna ddim byd arall... jest gwnewch yn siŵr fod y pres yn fy llaw i erbyn fory yn ddi-ffael, neu... (Tegid yn mynd allan)

MALI: (gweiddi) Ond chewch chi ddim ylwch – mi wna i'n siŵr o hynna! Moelwyn – ffonia Lis.

MOELWYN: Lis Saville?

MALI: Naci siŵr – Lis Puw* – mi ddychrynith honno dipyn mwy ar hwn.

MOELWYN: Ond be wnawn ni Mali? OMB am ofnadwy...

MALI: O diar... (chwythu ei thrwyn yn uchel) Mae hi ar ben arnon ni! Os na chawn ni'r arian yna i dalu'r rent mi fyddwn ni yn y carchar, a hyd yn oed wedyn fedrwn ni ddim fforddio hynna bob mis.

TEGID: (yn galw o'r ochr, fel petai yn siarad efo fo ei hun) – O ia – fedra i weld yr arwyddion rŵan – *Welcome to Balasorus*.* *come and dip your feet in Diplodocus lake* – ww rhaid i ni gael jingl – *Aranotops**.. *Aranotops, come and visit Aranotops, didl didl didl...*

Mae Mali a Moelwyn yn crio'n uwch ac yn uwch.

BARBWR: (yn dod i mewn o'r gegin) Hei be ydi'r holl sŵn yma? Be sy... Dachisho hercan am ddim, on ddy haws? Neith hynny godi'ch calon chi?

MALI: Paid â bod yn hurt – fedrwn ni ddim ista yn fanna yn cael g'neud ein hunan yn glam a hithau'n awr mor ddu ar Benllyn*.

BARBWR: 'Nes i ddim deud medrwn i'ch gneud chi'n glam yn naddo... ond pam ei bod yn awr mor ddu ar Benllyn. Paid â deud fod yr Igls* (enwi tafarn leol) ddim yn g'neud *Chicken in white wine sauce** (nodwedd leol yma)... o na! Go iawn? Mae nhw wedi bygwth o'r blaen i newid y menu yn do...

MOELWYN: Do, ond nathon nhw ddim yn naddo... jest bygwth... ond aeth y goes deinosor ddim lawr yn dda yn naddo...

BARBWR: Naddo, rhy tyff oedd hi de... ond nes i rioed feddwl y basa'n dod i hyn...yr Igls yn stopio g'neud *Chicken in white wine*... be am y *Lamb Henry*...?

MOELWYN: Hwnna dwi'n licio fyd de Mali, efo tatws stwmp dwi'n gael o, a ti?

BARBWR: Na chips i fi sti, bob tro...

Mali wedi bod yn cerdded nôl a blaen yn pendroni, tra mae'r ddau arall yn trafod bwyd yr Igls*.

MALI: Newch chi'ch dau stopio – ma hyn yn siriys. Fydd yna ddim *Chicken in white* wine na *Pavlova* na Meirion* yn flin na golwg o'r Igls o gwbwl os ceith hwn ei ffordd...

MOELWYN: OMB!

BARBWR: Pam? Be mae o am 'neud felly?

MALI: Isho ail-wylltio'r lle mae o yn de.

MOELWYN: Ond 'dani wedi gwylltio'n barod do Mali?

MALI: Nid dyna be dwi'n feddwl naci.

BARBWR: Be wyt ti'n feddwl ta Mali?

MALI: Ti'n gwybod *re-wilding*. Dod ag anifeiliaid gwyllt yn ôl yma, deinosors a mamoths a bleiddiaid ac eirth a ballu. Wedyn fydd yna ddim lle i bobol fel ni. Dim ond bobol o ffwrdd yn dod yma ar eu gwyliau i hela a ballu.

MOELWYN: OOOO be fedrwn ni neud? A mae o'n deud os na fyddwn ni'n talu'r rhent erbyn fory y bydd o'n ein rhoi ni'n jêl. Ti'n meddwl geith o neud hynna?

BARBWR: Hy, pobol fel hwn – ma nhw'n cael g'neud fel licia nhw sti.

MALI: Ydyn fel arfer – ond – cheith o ddim 'neud fel fynno fo heb ffeit de.

MOELWYN: Ffeit.

TEGID: (yn ôl) Pwy soniodd am ffeit?

MOELWYN: (yn neidio ac yn gneud *press ups*) Ffit, deud bo fi angen bod yn ffit de...

TEGID: Sgiat – o 'ma reit sydyn. (Mali a Maldwyn yn mynd dan gwyno a chodi dyrnau)

BARBWR: Reit – *short back and sides*, *mohican*, *perm*, ta be?

TEGID: O ia... lle'r oedden ni?

BARBWR: Oeddat ti newydd fygwth fy waldio i os baswn i'n deud be welwn i o dan y goron..

TEGID: (yn chwerthin yn uchel) Na... faswn i ddim yn dy waldio di siŵr... (Tegid yn chwerthin gyntaf yna'r Barbwr yn ymuno'n y chwerthin yn nerfus)... jest dy daflu di... o ben Carn Dochan!

BARBWR: OK ta. (yn tynnu'r goron yn ofalus i ddangos clustiau blaidd) O! O! O! Reit wela i... (y barbwr yn torri gwallt Tegid, ond yn edrych yn hynod anghyffyrddus) O! Wel am glustiau mawr blewog sy' gynnoch chi! Ac am lygaid mawr craff sydd gynnoch chi... Ac am ddannedd mawr miniog sydd gynnoch chi...

TEGID: Nei di gallio – ti'n y stori rong mêt.

BARBWR: O ydw – sori, dim Sindarela dan ni'n neud leni naci? (y Barbwr yn dal ati i dorri gan wneud ystumiau)

TEGID: Ti di gorffen?

BARBWR: Do, dwi'n meddwl. Neith o fel yna? (sodro'r goron yn ôl ar ei ben)

TEGID: Gwneith – rŵan ta – cofia be ddeudish i. Dim smic neu... (Tegid yn mynd allan)

BARBWR: Wrth gwrs! O Mam bach, weles i rioed ffasiwn beth, Tegid Foel – ddim yn foel o gwbwl ond yn flewog fel blaidd. BLAIDD! OMB blaidd ydi o!

BYTLER: (sibrwd o'i sedd) Blaidd.

BARBWR: Nes i glywed rhywun yn deud rhywbeth rŵan? Naddo siŵr,

>jest meddwl fod rhywun wedi deud BLAIDD wnes i mae'n rhaid... (symudiadau pantomeim, edrych y tu ôl iddo, yna'r ochr arall, y Bytler yn codi ac yn sefyll y tu ôl iddo, ond y Barbwr yn ei fethu bob tro mae'n troi)

BYTLER: Blaidd.

BARBWR: O na – lle mae o? O na – fedra i ddim diodde hyn, mae'n rhaid i mi ddeud wrth rhywun...

BYTLER: (yn dod i'r golwg) Oes yna broblem?

BARBWR: Oes!

BYTLER: Be sydd felly?

BARBWR: Mae gen i gyfrinach a dwisho deud wrth rhywun.

BYTLER: Hmm, beth am sibrwd y gyfrinach wrth y wal yma? Ddeudith y wal ddim byd wrth neb!

BARBWR: Wel am syniad rhagorol. (aros i'r bytler adael) Wal, wal, mae gen i gyfrinach ac os na cha' i ddeud wrth rhywun dwi'n mynd i fyrstio... o PAM fi? (mae'r Barbwr yn troi i wynebu'r wal, ond yno hefyd mae'r ddyfais Pam)

BARBWR: O PAM, PAM, PAM – OK ta wal – dyma ni, wyt ti'n gwrnado?

>Wal, wal, dwi mewn picil braidd
>Mae Tegid Foel yn flaidd – BLAIDD
>Clustiau, blewog, dannedd hiiir,
>Go iawn, go iawn dwi'n deud y gwiir!
>
>Ma gan Tegid Foel, glustiau blaidd... wel yn fwy na hynny... BLAIDD ydi Tegid foel, ond paid â deud wrth NEB iawn?

Barbwr allan.

LLAIS PAM: Dim problem – ddywedaf fi ddim wrth neb!
BYTLER: Blaidd, blaidd sbwci braidd..

Cân y Blaidd gan y Bytler.

>Bla-a-aidd, Bla-a-aidd
>Rwyt ti'n sbŵ-w-wci braidd
>Gyda lla-w, gyda llaw
>Faint o'r gloch 'di Mr Blaidd?

Bytler allan.

Mali a Moelwyn i mewn yn cario ffenestr efo bariau i ddangos eu bod nhw mewn carchar.

MOELWYN: Oooo be wnawn ni – yn pydru yn jêl fel hyn!
MALI: OOOO be wnawn ni'n pydru'n jêl fel hyn!
Moelwyn: Oes yna eco yma?
MALI: Paid â bod yn ddigywilydd...
MOELWYN: Sori, ond be ydan ni'n mynd i 'neud Mali? Fedrwn ni byth godi digon o arian i ddod allan o'r carchar yma a chael mynd yn ôl i fyw i Bryn Braf. Mi fydd Tegid Foel a'r dyn Mr Gwyllt yna wedi troi Bryn Braf yn le llawn bleiddiaid a deinosors cyn pen dim...
MALI: O paid wir, paid â sôn am Fryn Braf – mae gen i gymaint o hiraeth am adre, am y defaid, a'r gwartheg a'r moch...
MOELWYN: O paid rŵan Mali, mi feddyliwn ni am rhywbeth siŵr i ti...
MALI: Na! Mae hi wedi canu arnon ni.
TWPSEN: (yn dod i mewn efo basged a chacen)
Canu, canu – wel da ydach chi'ch dau yn gallu canu a chitha mewn ffasiwn strach. Rydach chi'n arwyr y ddau ohonoch chi wir. Ylwch – dwi wedi dod a chacen i godi'ch calonnau chi. Be oeddech chi'n mynd i ganu ta?
MALI A MOELWYN: Doedden ni ddim.
TWPSEN: Dewch rŵan – rhaid i chi gadw'ch ysbryd, dal i gredu chi... mi ddaw yna haul ar fariau eto...

Cân – Yn y Sirol Jêl.

(Yn wreiddiol cafodd hon ei chanu ar gerddoriaeth Jail House Rock)

Cynhaliwyd dawns werin yn y sirol jêl
ffidlwr a phibydd a digon o êl
y Warden oedd yn galw, nawr ffurfiwch gylch
roedd pawb yn troi a throi, cafwyd noson wych.
    Mewn cylch, a dwy step i'r dde
    Yn y jêl mae 'na ddigon o le
    I bawb mae na ddigon o le.

TWPSEN: Dyna ni – dach chi'n teimlo'n well rŵan dwi'n siŵr...
MALI A MOELWYN: Wel...

Sŵn helicopter.

MALI: Be di hwnna...
MOELWYN: OMB ma nhw'n dwad i'n nôl ni...
TWPSEN: (sbio allan i'r gynulleidfa) O na mae o wedi cyrraedd... Mr Gwyllt yn ei helicoptar.

Mali a Moelwyn allan – Tegid Foel a'r Bytler i mewn. Yna trwy'r gynulleidfa mae Mr Gwyllt yn cyrraedd yn ffwdan i gyd, gan ymgrymu a chodi llaw mewn dull Trumpaidd.

TEGID FOEL: Croeso! Croeso! Dewch i mewn Mr Gwyllt, croeso i Benllyn, croeso i Wolf Hall, y lle i fynd yn wyllt! Bytler – gwna le i Mr Gwyllt eistedd.
MR GWYLLT: Diolch Bo Jo.
TEGID: Tegid!
MR GWYLLT: Hell yeah... *buddy*, dyna groeso *you're a great guy, I like you, we're gonna be great buddies*! Wel mae gennoch chi le braf yma... a digon o dir agored, dwi wedi eich gwylio chi o bell Bo Jo...
TEGID: Ym, Tegid.
MR GWYLLT: Ia dyna chi Bo Jo, enw da...
TEGID: Ym Tegid ydi'r enw...
MR GWYLLT: Mae ganddoch chi freuddwyd yn does, fel finna hen ffrind – *to make Penllyn* great again*.
TEGID: O ia – Waw – dwi mor falch eich bod chi wedi gallu dod yma aton ni Mr Gwyllt – be ydi'r cynllwyn – sori cynllun ta'? Dwi wedi cael Bryn Braf yn barod... oes yna rhywle arall ddylian ni gael dach chi'n meddwl?
MR GWYLLT: Wel *old buddy*, fydd un ffarm ddim yn ddigon. Os ydan ni am droi'r lle ma'n lle gwyllt go iawn, a chael busloads o bobol yma i wario, rhaid i ni gael pob ffarm ym Mhenllyn* i mewn i'r parc wrth gwrs. Fedri di ddim cau anifeiliaid gwyllt fel bleiddiaid ac eirth...
TEGID: ... a deinosors.
MR GWYLLT: Deinosors?? I mewn mewn lle bach, maen nhw angen yr holl dir i grwydro'n wyllt wrth gwrs, ac mae hynna'n meddwl fod rhaid i'r bobol i gyd fynd.
TEGID: Be pawb?

MR GWYLLT: Yep, PAWB o 'ma *buddy*, dyna'r ffordd i wneud arian go iawn. Dwi'n gallu gweld o rŵan – yr arwydd ar yr Aran* – mewn neon – *Go on Folks, walk on the wild side...* (sŵn blaidd) ac wedyn Bo Jo, *my buddy*, y cwbwl fydd yn rhaid i ti a fi wneud ydi eistedd ar ein loungers yn cyfri'r prês yn llifo i mewn.. *Vodka Martini – shaken not stirred...* (clecian ei fysedd ar y bytler, ond hwnnw'n cysgu)

TEGID: O ia, ym...ia...grêt! Twpsen, Twpsen, ty'd a choctel i Mr Gwyllt...

Cân – Arian am Ffarm – Tegid a Mr Gwyllt yn canu.

Arian am ffarm, arian am gae
arian am sgubor, beth bynnag gai
dolars am dwlc, dolars am ddôl
dolars llond banc nai'm dal yn ôl,
dal arian llond llaw, af ar fy llw
i wneud arian, yna gwneud mwy
gwerthu ffermydd fan hyn, a ffermydd fan draw
ac arian yn llosgi yn fy llaw–
Ta-tâ fferm, ta-tâ defaid
Alpacas y Parc*, a gwartheg hefyd
    A mi fyddaf werth fy miloedd
    Trwy daflu ffermwyr off eu tiroedd x2

Twpsen yn dod i mewn gyda'i chacen.

TWPSEN: Cymrwch gacen. Cymwch, o cym on cymwch...
TEGID: Nagoes... shiw.
TWPSEN: Ryseit newydd gan Pam.
LLAIS PAM: Ryseit newydd.
TEGID: (yn ceisio cael gwared â Twpsen) Reit, beth am i ni fynd i weld ychydig o ffermydd ia Mr Gwyllt? (Twpsen yn dal i stwffio'r gacen o dan eu trwynau) Ffordd yma Mr Gwyllt... dewch rŵan, beth am ddechrau efo fferm fechan hyfryd iawn – Bryn Gwynt, yng nghwm Penantlliw*...digon o sgôp yn fan honno, mae nhw reit wyllt yno'n barod a deud y gwir... ac wedyn mae yna un arall yno hefyd...*
TWPSEN: Dowch o 'na cymrwch gacen...

MR GWYLLT: O mi wela i fod y merched yn taflu eu hunain atoch chitha hefyd *buddy*... dwinna'n cael yr un drafferth chi...
TWPSEN: Ych a fi... sglyfath!

Sŵn gweiddi a phrotestio o'r tu allan.

TEGID: Ha, ha ,ha, (ond yn dal i drio cael gwraed â Twpsen) Ffordd yma rŵan Mr Gwyllt.

(Sŵn o'r tu allan – lleisiau Mali, Moelwyn a'r Barbwr)

MOELWYN, MALI A BARRI: Rydan ni'n ddigon gwyllt ym Mhenllyn* – Dim croeso i fleiddiaid na Yanks! Dim croeso i fleiddiaid na Yanks!

MR GWYLLT: Beth ydi'r sŵn yna?
TEGID: Y bobol leol! Croeso Mr Gwyllt i Benllyn, maen nhw'n ddeud chi, jest isho dangos eu gwerthfawrogiad i chi Mr Gwyllt. (Mr Gwyllt yn cael ei wthio allan y ffordd arall, Tegid Foel allan hefyd)

Barbwr, Mali a Moelwyn i mewn efo placards.

MALI: Be? dyma ddeudodd Lis wrthan ni am neud ia?
MOELWYN: Ia – codi twrw a phrotestio.
TWPSEN: Cacen unrhywun? Mae cacen bob amser yn gneud i betha deimlo'n well chi.
BARBWR: Na dim diolch Twpsen. O dwi'n swp sâl chi, mae cadw'r gyfrinach ma jest â'n lladd i!
MOELWYN: Pa gyfrinach?
MALI: Pa gyfrinach?
BARBWR: Fedra i ddim deud neu fydd hi ddim yn gyfrinach yn na fydd.
MOELWYN: Duwcs, be ydi cyfrinach rhwng ffrindia yn de...
BARBWR: Na fedra i ddim deud neu mi fydd hi ar ben arna i.
MALI: Wel, meddwl amdanon ni Bari Barbwr – fydd hi byth mor ddrwg a hyn arnat ti yn na fydd. (yn codi'r bariau'n uwch)
MOELWYN: Yli arnon ni Bari!
BARBWR: Na mi fydd hi llawer gwaeth arna i os gwna i ddeud, mae Tegid wedi bygwth fy nhaflu fi o ben craig Carn Dochan*... ond os na fydda i'n deud dwi'n mynd i fyrstio be' bynnag. O diar!
MOELWYN: Duwcs mae na lot o redyn yn fanno sti – gei di *soft landing*.

TWPSEN: Cacen unrhywun?
MALI: Na dim diolch Twpsen. Ond fedri di ddeud wrthan ni sti Bari Barbwr, ngwas i, newn ni ddim deud wrth neb, yn na wnewn Moelwyn.
MOELWYN: Na nawn, ddim wrth neb sti Bari Barbwr, dani'n saff fel, wel solat a saff fel Carn Dochan...
MALI: Dydi Carn Dochan ddim yn saff iawn de. Maen nhw'n deud mai'r cynllun ydi gneud helipad yn fanno i bobol gyfoethog gael cyrraedd yma'n ffast...
MOELWYN: Dani'n saff fel...
BARBWR: Dyna'r pwynt de, does yna ddim byd yn saff nagoes efo'r ddau yna a'u planie... a fedra i ddim deud wrthach chi, neu fyddwch chitha ddim yn saff chwaith.
TWPSEN: Cacen?
MALI: Na dim diolch Twpsen. Duwcs mae'n iawn sti, tyd laen deud...
MOELWYN: Ia Bari, deud mi fyddi di'n iawn sti...
BARBWR: O ce ta... Wel y diwrnod o blaen de, pan o ni'n torri gwallt Tegid Foel... (y tri yn rhoi eu pennau at ei gilydd a sibrwd)
BYTLER: (yn dod i mewn yn cario hanbwrdd efo coctel) Ffordd hyn Mr Gwyllt.

Moelwyn, Mali a Bari allan ffordd arall heb eu gweld.

MR GWYLLT: (edrych o'i gwmpas i ddechrau, i sicrhau nad oes neb ond y Bytler yn ei glywed) O PAM mod i'n gorfod g'neud y tripiau yma i lefydd mor *backward* a hyn? A PAM mod i'n gorfod cogio bach fy mod i'n glên efo gwehilion cymdeithas fel y dyn bach twp Tegid Foel yna!
BYTLER: Fydd dim yn rhaid i chi fod yma'n hir.
MR GWYLLT: Na – ti'n hollol iawn. Dim ond g'neud yn siŵr fod Tegid Twp yna'n gwneud y gwaith budur i gyd, ei dwyllo fo, ei fod yn cael bod yn rhan o'r holl beth, a dyna fo. Job done, Bytler, gawn ni'n dau fynd nôl i wareiddiad eto. Lle mae o rŵan?
BYTLER: Wedi mynd i luchio mwy o bobol allan o'u ffermydd.
MR GWYLLT: Ha ha! Hmm cacen. (bwyta) PAM fod pobol y lle 'ma moor dwp! Fi Mr Gwyllt ydi'r boi clyfra yn y bydysawd, ti a fi Bytler. Dydi Tegid yn deall dim – unwaith y bydd o wedi

gwneud y gwaith budur i gyd, mi fydda i wedi gorffen efo fo. Geith o gic yn ei dîn allan i'r gwyllt. A fydd yna ddim byd i ni'n dau wneud wedyn ond gadael y lle ma fynd rhwng y bleiddiaid a'r eirth ac eistedd nôl i gyfri'r arian i gyd. He, He, He.

Make Penllyn Great again! Not if I can help it! A gewch chi stwffio hen gacen stêl fel hon hefyd!

Y ddau yn curo cefnau'i gilydd ac yn mynd allan.

Twpsen i mewn.

TWPSEN: Dwi reit drist de. Achos does yna neb am hyd yn oed drio fy nghacen i! A dydi hi ddim mor ddrwg a hynny... (yn darllen y ryseit) Pam, Pam...

LLAIS PAM: Ie be fedra i neud i chi?

TWPSEN: Wnei di ail ddeud y ryseit cacen plis – ella mod i wedi cael rhywbeth yn rong sti...

TEGID: (i mewn â'i wynt yn ei ddwrn) Twpsen – wyt ti wedi gweld Mr Gwyllt yn rhywle?

TWPSEN: Naddo... (crio)

TEGID: O nefi, be sy rŵan eto...

TWPSEN: Does yna neb am fyta fy nghacen i a rŵan mae Pam yn gwrthod deud y ryseit wrtha fi...

TEGID: PAM.

LLAIS PAM: Ia, o Frenin.

TEGID: Wnei di plis ail-adrodd y rhan yna am y gacen eto... nefi ma' isho mynedd. Reit Twpsen, sgen ti feiro?

TWPSEN: Nagoes (ysgwyd ei phen a chrio; mae Tegid yn estyn papur iddi)

TEGID: Papur? (Twpsen yn ysgwyd ei phen eto a Tegid yn nôl beiro iddi, hithau'n gweiddi crio) Reit, gwranda... dyma fo'r ryseit yn dod rŵan... Go PAM.

LLAIS PAM: Ha ha! Hmm cacen. PAM fod pobol y lle 'ma moor dwp! Fi Mr Gwyllt ydi'r boi clyfra yn y bydysawd, ti a fi Bytler. Dydi Tegid ddim yn deall dim – unwaith y bydd o wedi gwneud y gwaith budur i gyd, mi fydda i wedi gorffen efo fo. Geith o gic yn ei dîn allan i'r gwyllt. A fydd yna ddim byd i ni wneud wedyn ond gadael y lle ma fynd rhwng y bleiddiaid a'r eirth ac eistedd nôl i gyfri'r arian i gyd. He, He, He. *Make Penllyn*

Great again! Not if I can help it! A gewch chi stwffio hen gacen stêl fel hon hefyd!

TWPSEN: Nid hwnna oedd y ryseit ges i...

TEGID: Hisht Twpsen! Be? Pwy ddeudodd hyna? PAM... pwy ddeudodd hynna?

LLAIS PAM: Mr Gwyllt o frenin.

TEGID A TWPSEN: Be?

LLAIS PAM: Mr Gwyllt o frenin.

TEGID: Be? Ydi o wedi bod yn trio fy nhwyllo fi?

LLAIS PAM: Ydi o frenin.

TEGID: OMB. Ond be wna i. Dwi wedi dwyn ffermydd a bod yn ofnadwy o gas efo lot fawr o bobol, a rŵan, mae hi wedi dod i hyn! Dwi wedi cael fy nhwyllo. O NA!

TWPSEN: Cymrwch gacen – neith o neud i chi deimlo'n well..

TEGID: Diolch Twpsen... (poeri'r gacen) O diar, dwi'n teimlo'n ofnadwy! Be dwi wedi neud...

TWPSEN: Wel dachi wedi bod yn rêl hen shinach yn do, ond dwi'n siŵr os gwnewch chi ymddiheuro, a rhoi pres a ffermydd pawb yn ôl iddyn nhw y gwna nhw faddau i chi..

TEGID: O ti'n meddwl... ond dwi wedi bod yn ofnadwy yn do...

PAWB: (o'r cefn) – DO!

TEGID: Pam fy mod i wedi bod mor ofnadwy?

LLAIS PAM: Am eich bod chi braidd yn dwp o frenin.

TWPSEN: Na does yna neb yn dwp siŵr – jest chydig yn wirion wrach? Ond fedrwn ni wneud popeth fod yn iawn eto chi... tydi hi ddim yn rhy hwyr... (mynd i'r ochr) Hei chi, dewch yma am funud, mae gan Tegid rywbeth i'w ddweud wrthach chi.

BARBWR: (i mewn ar bigau'r drain) Sori, sori, dwi ddim wedi deud wrth neb sti, wir yr, dwi heb, plis paid â fy lluchio fi o ben Carn Dochan – nid fi sydd wedi deud y gyfrinach... O PAM fi! Pam nest ti adael i mi weld y gyfrinach...

LLAIS PAM: Dyma'r gyfrinach...

BARBWR: NA!

LLAIS PAM:

    Wal, wal, dwi mewn picil braidd
    Mae Tegid Foel yn flaidd – BLAIDD
    Clustiau, blewog, dannedd hiiir,
    Go iawn, go iawn dwi'n deud y gwiir!

PAWB: BE?

BARBWR: NA! (rhoi ei ddwylo dros ei glustiau a chuddio tu ôl i Twpsen)

TEGID: Mae'n wir – mae gen i glustiau blaidd, dyna pam fy mod i isho cael bleiddiaid yma, felly fyddwn i ddim mor wahanol wedyn yn na faswn... ac ella y baswn i'n cael ffrindia'... O diar... bw hwbw hw. Y fath gywilydd! (tynnu'r goron i ddangos y clustiau)

TWPSEN: OOOO ciwt!

MALI: Wel mae nhw'n olreit yn dydyn...

MOELWYN: Hm – dwi'm yn siŵr de...

MALI: Moelwyn!

TWPSEN: Gei di ddod allan rŵan Bari.

BARBWR: Pryd dwi'n mynd?

TWPSEN: I lle?

BARBWR: Dros ymyl y graig yn Carn Dochan?

TEGID: Dwyt ti ddim siŵr – sori – do'n i ddim wedi meddwl bod yn gas. Gwrandwch pawb – mae'n wir ddrwg gen i am hyn i gyd... Agorwch ddrysau'r jêl, gewch chi fynd yn ôl i Bryn Braf, gewch chi'ch prês yn ôl...

TWPSEN: Ond mae ganddon ni broblem yn does?

Mali a Moelwyn yn gostwng y bariau.

BARBWR: Oes?

Y Bytler a Mr Gwyllt yn dod yn ôl yn cario coctels ac yn chwerthin, yna'n stopio'n stond wrth weld pawb yn sefyll yno.

MR GWYLLT: Wel *buddy*, be sy'n digwydd? Be mae'r rhain i gyd yn wneud yn fan hyn? O na, plis dim cacen eto... Wel fy hen ffrind, mi faswn i'n hoffi chydig mwy o ffermydd, lle wyt ti am fynd a ni nesa?

TEGID: Dwi wedi bod yn meddwl am hyn Mr Gwyllt, a dwi wedi penderfynu ar yr union le i fynd a chi nesa... lle bach da... braidd yn gyfyng wrach ond mae o'n reit ddiogel...

MR GWYLLT: O?

Y bariau yn cael eu symud i fyny'r rhes nes maen nhw o flaen Mr Gwyllt a'r Bytler.

TEGID: Profiad newydd – y dwnjwn – does yna'r un parc antur gwerth ei halen heb un o rheina...

MR GWYLLT: Wel ia *buddy*, dwi'n licio'r syniad... Ond arhoswch funud... hei... dwi'n sownd.

BYTLER: Sownd.

TWPSEN: Wel dyna ni ta! Dewch, cacen amdani! A cofiwch rŵan – dydio ddim bwys sut un ydach chi, mae'n well bod yn chi'ch hun...

TEGID: Hyd yn oed yn flaidd...

TWPSEN: Na trio bod yn rhywun arall, a methu.

MALI: Well gennon ni ti fel oeddet ti Tegid, cyn i ti drio bod yn frenin cas a ballu.

MOELWYN: Jest boi o Bala*.

MALI: Wel blaidd...

TEGID: Ia, blaidd, a dio'm bwys gynnoch chi fod gen i glustiau blaidd?

PAWB: Nachdi siŵr.

Tegid yn troi a chynffon fawr yn dod i'r golwg.

BARBWR: Ond nest ti ddim deud dim byd am gynffon chwaith...

Cân PC – Boi Bach o Bala

Y DIWEDD

(Gweler y caneuon dros y dudalen)

Caneuon

Cân – Arian am Ffarm
Arian am ffarm, arian am gae
arian am sgubor, beth bynnag gai
dolars am dwlc, dolars am ddôl
dolars llond banc nai'm dal yn ôl,
dal arian llond llaw, af ar fy llw
i wneud arian, yna gwneud mwy
gwerthu ffermydd fan hyn, a ffermydd fan draw
ac arian yn llosgi yn fy llaw –
Ta-tâ fferm, ta-tâ defaid
Alpacas y Parc*, a gwartheg hefyd
    A mi fyddaf werth fy miloedd
    Trwy daflu ffermwyr off eu tiroedd x2

Cân – Blaidd
Bla-a-aidd, Bla-a-aidd
Rwyt ti'n sbŵ-w-wci braidd
Gyda lla-w, gyda llaw
Faint o'r gloch 'di Mr Blaidd?

Cân – Yn y sirol Jêl
(Yn wreiddiol cafodd hon ei chanu ar gerddoriaeth Jail House Rock)

Cynhaliwyd dawns werin yn y sirol jêl
ffidlwr a phibydd a digon o êl
y Warden oedd yn galw, nawr ffurfiwch gylch
roedd pawb yn troi a throi, cafwyd noson wych.
    Mewn cylch, a dwy step i'r dde
    Yn y jêl mae 'na ddigon o le
    I bawb mae na ddigon o le.

Cân – PC
Jyst boi o'r Bala* efo clustiau blaidd
Jyst boi o'r Bala, anghyffredin braidd
Pa ots fod 'na gynffon, pa ots dannedd hir
A rheiny yn felyn, pa ots deud y gwir?
Mi fuo fo'n ffôl, cael ei arwain yn llwyr
gan gonman o Texas – 'di ddim yn rhy hwyr
I fod yn flaidd parchus, yn ffrind da i ni
I Foelwyn a Mali a'r Barbwr Barî.
A Twpsen – 'dani ni gyd yn dy garu,
a dyna pam yr ydym yma oll yn canu
Am Tegid Foel fu bron ail-wylltio
Am Tegid Foel sy wedi callio
Am Tegid Foel y boi o'r Bala
Tegid Foel y boi o'r Bala.

Caneuon (I'w canu ar unrhyw dôn wnaiff ffitio!).

FFYRST RISPONDARS

gan

Gwynedd Huws Jones

FFYRST RISPONDARS

SET
Cegin fferm fodern...gyda soffa...bwrdd a chwpwrdd hir.

CYMERIADAU:

Wil	Y Tad
Mary	Y Wraig
Sei	Y Mab
Parch. Huw Dilwyn	Gweinidog
Miss Peters	Organyddes
Pat	Postman
Gwenllian Prydderch	Gohebydd 'Heno'
Dyn neu ddynes camera	

Mae Wil yn eistedd wrth y bwrdd, ac o'i flaen mae 'laptop' agored... bob hyn a hyn mae'n taro un neu ddwy o'r allweddellau hefo un bys, cyn eistedd yn ôl i edrych ar ei gampwaith. Gyferbyn ac ef yn eistedd ar y soffa ac yn darllen y 'Sun' mae Sei, sydd bob hyn a hyn yn edrych dros ei bapur ar ei dad.

SEI: Sgwennu nofel 'de chi?
WIL: (Yn flin) Nage... g'neud records o'r lloi bach 'de ni 'di ga'l mis yma.
SEI: Nefoedd, ar y rêt dechi'n mynd, fydda nhw 'di cal 'u gwerthu yn 'fat stock', ac ar silff y bwtchar.
WIL: Yli ngwas i... fi sy'n cadw trefn ar gownts y ffarm 'ma i ti ga'l dallt, a fase 'ne ddim siap o fath yn y byd petai ti yn 'u gofal nhw.
SEI: Feder unrhyw ffŵl weithio yr hen laptop 'ne... a fynte 'di ca'l rhaglen o flaen llaw.
WIL: 'Wrach wir... ond y gwahanieth ydi, mod i 'di ca'l 'y nhrênio.
SEI: Do... am dair blynedd mewn dosbarth nos cyfrifiadurol.
WIL: Mmm... ma 'ne wahanol safone i'w cyrredd.
SEI: A phrun safon dechi 'di gyrredd ar ôl tair blynedd sgwn i?
WIL: (Yn rhoi ei ben yn ôl ar sgrin y 'laptop' ac yn mymblan dan ei wynt) Un.
SEI: Un dd'udoch chi? Safon un myn coblyn i.
WIL: Ma' fo ddigon da i blesio'r 'ministry' dydi?
SEI: Diolch i dduw ddaru chi ddim mynd i ddosbarth nos cwcio, ne' fase ni gyd 'di llwgu basen?

Daw Mary i mewn yn cario bagie siopa, mae golwg flin arni.

MARY: Ma' hi'n lluwchio eira ar y buarth 'ne.
WIL a SEI: (Mewn sioc) Lluwchio?
MARY: Ie.
WIL: (Yn gwenu fel llo) Ond dydi hi'n fis Mehefin, Mary.
MARY: (Yn wawdlyd) O yndi... feddylies i o weld dim sôn amdanoch chi'ch dau, a'r holl waith 'ne i neud tu allan, fod chi'n sownd yn tŷ!
WIL: O, ha ha... doniol iawn Mary.
SEI: Fi sydd yn gwneud y gwaith caled i gyd, Mam... godith hwn ddim oddi ar 'i dîn. (Yn pwyntio at Wil)

WIL: (Newid y sgwrs) Welest ti rywun diddorol yn dre Mary?
MARY: Fel pwy?
WIL: Sut 'dwi fod i w'bod... ti fuodd yno 'de?
MARY: Wel, weles i Berti a May... 'roedden nhw newydd fod yn bwcio'i gwylie yn Majorca. (Ei ddweud yn iawn heb y j)
WIL: Dew... lle neis 'di Majorca. (Yn pwysleisio y j)
SEI: Sut 'dech chi'n gw'bod hynny?
WIL: Gweld llunie'r lle yn y broshars 'ma 'de?
MARY: (Yn freuddwydiol) Am braf arny' nhw, yn gallu codi pac a mynd felna i bellafoedd byd.
SEI: Fyddwch chi'n lwcus os welwch chi Bermo 'to 'leni, Mam.
WIL: (Yn cynhyrfu ac wedi mynd at y ffenest i edrych allan) Anodd 'di hi 'de?
MARY: Anodd?
WIL: Gadel y ffarm 'ma, a finne mor brysur.

Mae Mary a Sei yn edrych ar ei gilydd.

MARY: Petai ti wedi mynd i ffwrdd am dri mis Wil, fase neb ddim callach.
SEI: Newch hwnne yn flwyddyn, Mam.
WIL: (Dan sioc) Ond dydi pobol yn dibynnu arna i, Mary.
SEI: Fel pwy?
WIL: Wel yyyy... y Cyngor Bro.
MARY: Sydd yn cyfarfod am awr bob mis.
WIL: Aaaa... phwyllgor yr Undeb.
MARY: (Yn plethu'i breichie) Sydd yn cyfarfod am awr bob dau fis.
WIL: A be am y'n job newydd i, Mary?
MARY: (Mewn sioc) Pa job newydd?
WIL: Fel un o'r ffyrst rispondars lleol.
SEI: Ponsars!
WIL: Nachden ddim... tendia di be ti'n dd'eud 'washi...
MARY: Ond Wil bach... be ti'n w'bod am 'First Aid'?
WIL: Synnet ti Mary.
SEI: Mae o 'chydig yn wahanol i injectio oen bach, Dad.
WIL: Dydwi ar ganol ca'l 'training' yn tydw.
MARY a SEI: 'Training'?
WIL: Ie. (Dan deimlad) Ma' 'ne griw bach ymroddgar ohono ni yn dod at y'n gilydd i drio helpu eraill llai ffortunus.

SEI: A be yn hollol dechi'n neud yn y 'training' 'ma felly?

WIL: Wel yyy...cysuro'r claf... aaa tendio arno fo... neu hi, nes daw yr ambiwlans a'r paramedics i'r golwg.

SEI: (Yn troi at ei fam) Wyddoch chi be, Mam... petai hwn yn hofran o ducha mhen i... salach faswn i'n teimlo.

MARY: Be nath i ti feddwl ymuno â'r fath beth Wil?

WIL: (Yn ymffrosgar) Ma' 'na rai pethe ma' dyn yn gorfod i neud fel dyn i fod yn ddyn yn ngolwg dynion erill... yn does Mary?

SEI: (Mewn penbleth) Y?

MARY: Oes 'ne?

SEI: (Yn ddilornus) Dyma chi eto yn ffindio esgus i loetran o gwmpas y lle 'ma... pam na ddudwch chi'n blaen fod chi'n ormod o gybudd i wario ar wylie neis i Mam.

WIL: Dim dene ydio siŵr, (gwenu yn sebonllyd ar Mary) hapus adre 'dwi 'de.

SEI: (Yn codi ac yn cychwyn tuag allan) Ie... yn g'neud y nesa peth i ddim...

WIL: (Yn gweiddi ar ei ôl) Fase'n chwith iti hebddai, boio.

SEI: (Yn rhoi ei ben rownd y drws) Yr unig un fase'n chwith hebddo chi fase gwely llofft ffrynt... gan y'ch bod chi yno fo yn amlach nac unlle arall. (Ac aiff Sei o'r golwg trwy ddrws y buarth)

WIL: (Yn ysgwyd ei ben) Ma'r bachgen 'ne yn un anniolchgar choelia i byth. (Saib)

WIL: Ddaru ti ddigwydd gweld y postman o gwmpas Mary?

MARY: Naddo... ond tra fydda i'n cofio, ma'r Parch. Huw Dilwyn ar 'i ffordd draw... isio dy farn di am rhywbeth neu'i gilydd.

WIL: (Yn sythu) Dene fo ti'n gweld Mary, ma' 'na rai pobol yn gweld rhinwedde dyn ac yn parchu 'i farn gadarn o...

MARY: Isio gw'bod lle i osod 'i organ newydd mae o dwi'n meddwl.

Aiff Mary allan drwy ddrws y llofft... mae Wil wedi mynd yn ôl at y cyfrifiadur ac yn pwnio'r allweddellau eto hefo un bys.

WIL: Hendre Hercules y 5ed... dene enw da ar lo.

Daw curiad ar y drws a daw pen Huw Dilwyn i'r golwg yn ei goler gron.

H.D.: Bore da William Jones, a sut ma'r byd yn y'ch trin chi'r bore hyfryd yma?

WIL: 'Champion' Mr Dilwyn... dowch i mewn.

H.D.: (Yn dod ac yn eistedd ar y soffa) Ar y we ydech chi William Jones?

WIL: Be?

H.D.: O ar Î Be 'dechi? Fydda i'n mynd ar hwnnw reit amal fy hun pan fydda'i isio ryw lyfr neu'i gilydd wyddoch chi... be yn hollol 'dechi'n drio brynu?

WIL: Registro llo 'dwi.

H.D.: Tewch a deud... doeddwn i ddim yn gw'bod y medrech chi neud hynny ar Î Be... Ta beth... fan'no dwi'n prynu 'nillad isa gyd dechi'n gw'bod.

WIL: O lle?

H.D.: Î Be... a dwi'n talu trwy 'Pay pal' jyst rhag ofn...

WIL: Rhag ofn be?

H.D.: I rhywun ddwyn fy manylion i.

WIL: Be fase rhywun isio hefo'ch dillad isa chi, Mr Dilwyn?

Ar y gair mae Mary yn cerdded i mewn.

MARY: O dyma chi 'di cyrredd Mr Dilwyn... gymerwch chi baned?

H.D.: Ddim yn siŵr Mrs Jones... 'dwi ar y'n ffordd i'r festri at Miss Peters i groesawu'r organ newydd.

WIL: Dech chi'n cynnal gwasaneth spesial i beth felly rŵan?

H.D.: (Yn chwerthin yn wirion) Na na, William Jones... ffordd o siarad dyne i gyd. A deud y gwir dyne pam mod i yma, meddwl y base ni'n cael help i'w dadlwytho hi, ma' hi reit drwm... yr organ hynny ydi.

WIL: (Yn rhwbio gwaelod i fol) Faswn i wrth 'y modd yn y'ch helpu chi... a'r achos Mr Dilwyn, ond ma'r hen hernia 'ma yn 'y mhoeni i yn o arw.

Mae gwyneb Mary yn bictiwr.

H.D.: Tewch a d'eud, taswn i'n gw'bod hynny... faswn i ddim 'di gofyn.

WIL: Ryw fynd a dod mae o... gwaeth os dwi'n codi pethe trymion.

Mae H.D yn codi.

H.D.:	Peidwch â phoeni dim, ofynai i Seimon... weles i o gynne.
WIL:	Fydd o wrth 'i fodd Mr Dilwyn bach, (yn gwenu) wrth 'i fodd.
H.D.:	Dan eich bendith. (Ac aiff allan drwy ddrws y buarth)

Aiff Wil yn ôl at ei gyfrifiadur.

WIL:	Fase paned reit derbyniol, Mary.
MARY:	(Yn flin) Base ma'n siŵr... ond well iti beidio ca'l un...
WIL:	Pam?
MARY:	Rhag ofn dy fod ti'n rhy wan i godi'r gwpan at dy geg. (Ac mae'n cerdded allan yn flin drwy'r drws... wedi iddi fynd gwelir Wil yn codi ac yn mynd i edrych drwy'r ffenestr yn eiddgar)
WIL:	Ty'd one Pat bach... lle gythrel wyt ti?

GOLAU I LAWR I GYFLEU AMSER YN PASIO

GOLAU I FYNY

Gwelir y gegin yn wag, mae Mary yn dod i mewn ac yn eistedd wrth y bwrdd yn darllen cylchgrawn gwylie... daw Sei i mewn yn ei ddwbwl ac yn rhwbio'i gefn.

SEI:	(Yn griddfan) Lle ma'r lembo 'ne ddudodd faswn i'n helpu y gweinidog hefo'i organ.
MARY:	(Yn bryderus) W't ti 'di sigo machgen i?
SEI:	(Yn gorwedd ar ei hyd ar y soffa mewn poen) Oooooo...
MARY	A'i neud paned fach iti... fyddi di ddim yr un un wedyn.
SEI:	O diolch, Mam... dech chi werth y byd.

Yn syth ar ôl i Mary fynd allan o'r golwg, mae Sei yn codi ar ei eistedd ac yn darllen y cylchgrawn gwylie.

SEI:	Barbados ew... ynysoedd paradwys... (Mae'n troi tudalen)
SEI:	Ew... Tiwnisia... fase fama yn gneud lles i nghefn i. (Yn freuddwydiol) Gorwedd yn yr haul poeth a chael pishin i roi 'massage' i mi...

Mae'n clywed Mary yn dod ac yn mynd yn ôl i orwedd a griddfan.

MARY: Dene ti... cyma di sip o hon... fase ti'n licio imi alw ar dy dad i rwbio dy gefn di?
SEI: (Yn gwella'n sydyn) Argol naf'swn...

Mae Mary yn gwenu.

MARY: Wel mae o yn mynd o gwmpas y lle 'ma fel ryw baramedic.
SEI: Hy.

Gwelir Sei yn mynd yn ôl i ddarllen y cylchgrawn gwylie.

SEI: Pam na ewch chi'ch hun i rhywle am wylie, Mam?
MARY: (Dan sioc) Mynd heb dy dad?
SEI: Wel ie... dydio fel penci yn gwrthod mynd â chi yn bellach na Bermo... a ma' 'na lot o ferched yn mynd draw am Groeg a Thwrci ar ben 'u hunen y dyddie yma.
MARY: Oes 'ne?
SEI: Cymerwch chi y 'Shirley Valentine' ne... a'th hi yno do?
MARY: Dwi'n i nhabod hi?
SEI: Nach'dech... actores 'di hi, Mam... yn actio dynes a'th am 'i gwylie i un o ynysoedd Groeg a dod yn ôl fel dynes newydd.
MARY: Dwi'm yn meddwl fase dy dad yn gallu 'côpio' hefo dynes newydd rhywsut.
SEI: Petae chi'n bwgwth mynd y'ch hun, fase hynny'n ddigon i newid 'i feddwl o am fynd ar 'i wylie 'falle.
MARY: Ti'n meddwl?

Daw Wil i'r golwg drwy ddrws y llofft yn cario papur newydd.

WIL: (Wrth Sei) Lle 'ti 'di bod?
SEI: Yn capel.
WIL: Ar ddydd Llun?
SEI: Ie, am fod 'ne foi na 'dwi'n nabod sy'n diodde o hernia, wedi gwrthod helpu 'i w'nidog... gorfod i mygins fynd i ddadlwytho'r organ newydd yn 'i le fo do?

Mae Wil yn mwmblan dan ei wynt ac yn newid y pwnc.

WIL: Welest ti'r pos'man?
SEI: Naddo.
WIL: (Yn edrych ar ei watch) Lle goblyn mae o ti'n deud wrtha i? Dydi hi bron yn amser cinio.

MARY: Wyt ti'n disgwyl rhywbeth pwysig?
WIL: (Ceisio bod yn ddifater) Nachdw... jyst meddwl lle 'roedd o dyna i gyd.

Yn sydyn mae Wil yn chwifio'i frechiau o amgylch ei ben.

WIl: Bali cacwn.
MARY: Paid â chymryd sylw ohonyn nhw... a gei di lonydd.
WIL: Gas genai y diawled.

Ar hyn mae Wil yn sylwi fod y gacynen wedi landio ar y bwrdd, mae'n rowlio'r papur ac yn rhoi swaden iddi.

WIL: (Yn edrych i lawr ar y gacynen) Wel bigi di neb eto, nani mêt...?
MARY: 'Sna sgeno chi'ch dau rywbeth gwell i neud... 'dwi am fynd i newid 'sheets' gwely llofft gefn. (Ac aiff Mary o'r golwg drwy ddrws y llofft)
SEI: (Yn codi) Well i minne fynd i droi'r gwair 'ne yn cae canol. (Yn troi wrth fynd allan) A fydda'i isio help i gario'r bêls nes ymlaen... hernia ne' beidio... 'deall?
WIL: (Yn edrych yn ddi-hid drwy gylchgrawn gwyliau Mary) Ie iawn.

Yn syth wedi i Sei fynd o'r golwg drwy y drws am y buarth, mae Wil yn mynd i edrych drwy'r ffenest a chlywir sŵn modur... mae Wil yn mynd o'r golwg yn wyllt drwy yr un drws a Sei a daw yn ôl yn cario parsel mawr hir ac mae gŵen ar ei wyneb... yn ei gwt daw Pat y pos'man i mewn.

PAT: Faswn i yma ers meitin onibai fod y Parch Huw Dilwyn 'na wedi mynnu mod 'n rhoi hand iddo fo hefo'r bali organ.
WIL: Be aflwydd oedd yn bod ar yr hen un... dene faswn i'n licio w'bod?
PAT: (Gwenu) Yn ôl bob sôn ro'dd Miss Peters wedi bod yn gorbwmpio 'i phedals hi.
WIL: Ti ddim yn d'eud.
PAT (Yn freuddwydiol) Fase hi'n ca'l gorbwmpio 'mhedals i unrhyw amser.
WIL: Nes ti 'rioed yn nharo i fel rhyw 'Valentino' Pat.
PAT: (Yn dal yn freuddwydiol) Fydda'i wrth 'y modd yn watchiad

> 'love story' dda ar y telifision wyddoch chi William... a weithie fydd 'ne ddagre yn cronni yn y'n llgade i os nad oes 'na 'happy ending'... drwg ydi, fyddai yn gweld gwyneb Miss Peters yng ngwyneb y 'leading lady' bob tro.

Mae Wil yn rhy brysur yn agor y parsel i gymeryd llawer o sylw o'r hyn mae Pat yn ei ddweud.

WIL: Ges ti lot o drafferth hefo ordro hwn?
PAT: Na... 'roedd 'ne ddigon ar ga'l ar Î Be.
WIL: Dene fo'r gair 'ne eto Î Be... oeddet ti'n gw'bod mai o fan'no ma'r Parch Huw Dilwyn yn ca'l 'i dronsus.
PAT: Argol nago'n... ond feder rhywun ga'l be licith o ar Î Be William.
WIL: Felly dwi'n dallt...
PAT: Rois i 'bid' i mewn wsnos dwetha am lyfr.
WIL: Be oedd o felly?
PAT: (Dan deimlad) 'How to get your partner aroused while listening to chamber music'.
WIL: Gest ti o?
PAT: Na... ddaru 'ne ryw ddiawl arall gynnig gwell pris ddeg eiliad cyn i'r sêl gau... ma'n 'ngwylltio i'n racs, pan ma' hynne'n digwydd.

Cyn i Wil ddweud dim, aiff ei ffôn symudol a gwelwn ef yn ei hateb.

WIL: Helo... yr Hendre... pwy... o'r rhaglen 'Heno'... isio dod i neud stori am y ffyrst rispondars lleol 'dech chi. (Yn gwenu ar Pat ac yn sythu) Ydech, mi rydech chi'n siarad hefo'r dyn iawn Miss Prydderch... William Jones 'di'r enw 'Team leader'... Nos fory?... wel mae o braidd ar fyr rybudd tydi... ie iawn nawn ni'n gore... dowch draw yma i'r Hendre... o wela i, fyddwch chi'n dod yn gynt i fynd dros y cwestiyne... ie iawn... hwyl rŵan.

Mae'n rhoi'r ffôn i lawr yn araf.

WIL: (Yn freuddwydiol) 'Dwi am fod ar y teledu Pat.
PAT: Fues i ar telifision unweth William... 'roedden nhw ar ganol holi y boi 'ma ynglŷn â rhywbeth neu gilydd ar y niws... ac roeddwn inne yn digwydd gwagu bocs post tu ôl iddo fo ar y pryd.

WIL: Welodd rhywun ti?
PAT: Naddo... dim ond Mam.
WIL: (Yn panicio) Argol... ma' nhw'n dod yma i ffilmio nos fory... rhaid inni ga'l practis heno.
PAT: Heno?
WIL: Wel ie... w't ti isio ni fod ar y'n gore o flaen y miloedd fydd yn gwylio does Pat?
PAT: Miloedd? (Yn sythu) Wrth gwrs, William.

Mae Wil yn cydio yn y parcel sydd ar hanner ei agor ac yn ei stwffio i'r cwpwrdd tal.

WIL: (Yn troi at Pat) Diolch byth fod ti 'di ca'l hwn mewn pryd.
PAT: Well i minne hel hi am adre... er mwyn i mi ga'l mynd dros y'n llawlyfr cymorth cynta 'de William.
WIL: Na ffafr a fi gynta... galwa heibio'r capel i weld os 'di'r Parch. Huw Dilwyn a Miss Peters yn dal o gwmpas, a d'wed wrthyn nhw am ddod draw yma heno yn brydlon am bractis.
PAT: (Yn cychwyn am allan) Reit o. (Yn troi) Fyddwn ni'n gneud pethe 'practical' heno William?
WIL: Be ti'n feddwl?
PAT: Practisio y 'kiss of life' a pethe felly?
WIL: Siŵr braidd.
PAT: (A gŵen ar ei wyneb) Neis.
WIL: Dim os mai y Parch. Huw Dilwyn wyt ti'n drio'i achub.

Mae Pat yn colli ei wên ac yn diflannu drwy ddrws y buarth... wedi iddo fynd, aiff Wil i sefyll o flaen y gwydr sydd yn hongian ar dalcen y llwyfan... mae'n gwenu yn sebonllyd arno'i hun, ac yn rhyw redeg ei fysedd trwy 'i wallt... yna mae'n gafael mewn ornament a'i ddefnyddio fel meic.

WIL: (Llais benywaidd) A chi ydi yr enwog William T Jones deni wedi clywed gymaint amdano fo'n ddiweddar?
WIL: (Llais ei hun) Ie... yr union un.
WIL: (Llais benywaidd) Dwi'n dallt ma' chi ydi'r 'team leader'... ac yn rhoi o'ch amser prin i'r gwaith ardderchog yma.

Mae Mary wedi cerdded i mewn yn cario blancedi... nid yw Wil wedi ei gweld.

WIL: (Llais ei hun ac yn gwenu'n sebonllyd) Dydw i ddim yn un am dynnu sylw ata'n hun...nachdw wir... ond ma' pobol ffordd yma yn ryw edrych i fyny tuag ata'i am arweiniad wyddoch chi...
MARY: Wil.
WIL: (Yn troi yn wyllt) Be?
MARY: Be ti'n neud?
WIL: Yyy... mynd dros y'n leins ar gyfer y teledu.
MARY: Pa deledu?
WIL: Dydi tîm 'Heno' yn dod yma i ffilmio nos fory Mary...
MARY: (Dan sioc) 'Heno' yn dod yma?
WIL: Ie.
MARY: Pam na faset ti 'di deud wrthai'n gynt... faswn i 'di ca'l g'neud 'y ngwallt a ca'l dillad newydd baswn?
WIL: Pam?
MARY: Wel, er mwyn bod yn grand o flaen y camera siŵr.
WIL: Fyddi **di** ddim o flaen y camera... dod yma i ngweld i a'r criw ffyrst rispondars ma' nhw.
MARY: Ond alla i fod yn y cefndir yn rhywle siawns.
WIL: Na 'dwi ddim yn meddwl... a chan fod hi'n rhaglen fyw, fydd na ddim amser i ryw 'wide angle shots' a ballu.
MARY: 'Wide angle shots'... w't ti'n trio deud bod y mhen ôl i'n fawr William?

Cyn i Wil gael ateb daw Sei drwy'r drws yn wyllt.

SEI: Reit, dowch rŵan Dad... ma'r gwair 'na yn cae canol yn barod i'w fêlio.
WIL: Fedrai ddim ar y funud, Seimon... ma' gena i bethe pwysicach i'w g'neud.
SEI: Fel be?
WIL: Paratoi y'n 'speech' at nos 'fory.
MARY: (Yn gwenu) Ma' criw y rhaglen 'Heno' yn dod yma.
SEI: Hy... fydd hi'n heno ar y gwair 'ne os na chawn ni fêlio cyn glaw.
WIL: (Yn sefyll o flaen y ffenestr) Dwi'n meddwl ma' dyma'r lle gore i mi sefyll...
SEI: Sefyll?
WIL: Ie... pan fyddai y'n ca'l yn holi gan ohebydd 'Heno'...

MARY: Ond fedri di ddim... drycha'r golwg sy' ar y cyrtens 'ne.
SEI: Ga' i fod yn un o'r sîns?
WIL: Nachi.
MARY: O gad i'r hogyn fod yn un o'r golygfeydd William.
SEI: Dwi'n gwbod... fedra i fod yn un o'r dioddefwyr mewn damwain.
WIL: Pa ddamwain?
MARY: Meddwl ma' Sei y byddwch chi angen claf i'w fandejio o flaen y camera.
WIL: Wel ie, ma' hynny...na'i feddwl am y peth.

Mae Sei yn rhwbio'i ddwylo ac yn mynd allan drwy ddrws y buarth gan wenu'n braf.

MARY: Ma' well i minne fynd i weld be ga'i wisgo y'n wardrob llofft gefn at nos 'fory.
WIL: Weles i ddim gymaint o ffys hefo dim byd... dwi 'di deud wrtha ti unweth... yma i ngweld i ma'r 'Heno' 'ma...
MARY: (Yn cychwyn drwy'r drws yn flin) Ond y nhŷ i ydio 'de William. (Ac aiff o'r golwg drwy ddrws y llofft)

Ar ôl i bawb fynd mae Wil yn mynd i'r cwpwrdd hir i nôl y parsel a gafodd yn gynharach gan Pat, mae'n cychwyn ei agor yn eiddgar, ond daw cnoc ar y drws.

MISS P: Iw... hw.

Mae Wil yn panicio ac yn rhoi y parsel yn ôl yn y cwpwrdd... daw pen Miss Peters i'r golwg yn y drws.

MISS P: De nhw 'di cyrredd eto?
WIL: (Yn flin) Pwy?

Yn dod i mewn... gwelwn ei bod yn gwisgo côt ffyr... het fawr a lot o lipstic... a dydi pethe ddim yn matchio.

MISS P: Wel y bobol teledu 'ma siŵr.
WIL: Nos fory 'ma nhw'n dod Miss Peters bach.
MISS P: A finne'n meddwl siŵr fase nhw 'di cyrredd yma'n barod.
WIL: (Yn flin) Nachdyn.
MISS P: (Yn freuddwydiol) Wyddoch chi William Jones fod Mam 'di deud y baswn i'n enwog rhyw ddiwrnod...

WIL: (Yn dechre colli mynedd) Tewch â deud... welwch rŵan...
MISS P: (Yn cymeryd dim sylw ohono) Fydda'i fath â'r ddynes Susan Boyle 'ne ar yr 'X Factor' bydda? Ro'dd honno fatha finne ddim yn mynd allan ryw lawer pellach na'r festri 'nagoedd? Fedra'i ngweld i 'rŵan...

Ac mae Miss Peters yn dechrau canu yn uchel 'Ave Maria'.

WIL: (Yn flin) Welwch Miss Peters... dod yma i edrych ar y'n dawn cymorth cynta ni ma' nhw... nid i recordio consart.
MISS P: Dwi'n deall hynny... ond fel dechi'n gw'bod William Jones (Yn dal ei dwylo allan) dwi'n dda hefo'n nwylo hefyd tydw?
WIL: (Yn swil) Y dech... dechi'n ca'l hwyl dda ar chware'r organ 'ne rhaid d'eud...
MISS P: A fyddai'n well fyth rŵan ar ôl ca'l yr organ newydd... ma' na fwy o 'badle' ar hon dechi'n gweld.
WIL: (Eisiau newid y pwnc) Wel ie... awn ni ddim i drafod hynna rŵan... dechi'n dod i'r training heno dydech?
MISS P: Ydw... be wisga'i d'wch?
WIL: Faswn i ddim yn dod (Yn pwyntio at y got ffyr) felne taswn i'n chi.
MISS P: Ddoi yn y nillad nyrs te.
WIL: (Dan sioc) Dillad nyrs?
MISS P: Ie, rheini ges i drwy'r post Dolig gan (Yn troi ei llygaid) 'admirer'.
WIL: Presant od... oedd o ddim?
MISS P: Oedd falle... a ma' hi braidd yn fyr.
WIL: (Golwg amheus ar ei wyneb) Oedd 'ne stamp ar y parsel?
MISS P: (Yn meddwl) Nagoedd... 'doedd 'ne run 'di meddwl.
WIL: O'n i'n ame... fo a'i 'leading lady'.
MISS P: Be?
WIL: Dim byd.

Mae Wil yn sydyn yn chwifio'i freichie o amgylch ei ben yn wyllt.

WIL: Damia'r cacwn 'ma.
MISS P: Fyddan nhw isio'n gweld ni wrthi dwi'n cymryd William Jones?
WIL: Wrthi?

MISS P: Ie... mynd trwy'n pethe... bandejo a chymyd pyls a ballu.
WIL: Oooo... byddan, a fydd rhaid inni ddangos proffesiynoldeb o flaen y camera.
MISS P: (Ac angerdd) Roi monoch chi lawr William Jones.

Ar hynny mae Wil yn rhoi gwaedd ac yn cydio yn ei goes... . yna mae'n dawnsio o gwmpas y stafell mewn poen.

MISS P: (Yn consyrnd) Be sy'... be sy'n bod?
WIL: 'Dwi 'di ca'l yng ngholio.
MISS P: Gan be?
WIL: (Yn flin) 'Gan taranchula'... be gebyst dechi'n feddwl ddynes? Gan bbblincin cacynen.
MISS P: Yn lle?
WIL: Ar y nghoes yn fama.
MISS P: (Yn gwenu'n freuddwydiol) Dyma nghyfle mawr i i achub bywyd rhywun... rŵan gorweddwch ar y soffa 'ma'n dawel William Jones.

Mae Miss Peters yn gwthio Wil ar y soffa a dechre tynnu ei drowsus...mae yntau yn trio'i orau ei stopio.

WIL: (Mewn panic) Be gebyst dechi'n neud?
MISS P: Rhaid imi gael gweld y briw neu fedra'i ddim 'i drin o.

O'r diwedd mae trowsus Wil i ffwrdd, ac mae Miss Peters yn inspectio y colyn... mae dwy law Wil dros ei gwd.

MISS P: Mmmmm
WIL: Be dechi'n weld?
MISS P: Mmm... diddorol iawn.
WIL: (Yn nerfus) Neith dipyn o 'lastoplast' y tro'n iawn.
MISS P: Na, dwi ddim yn meddwl... ddarllenes i'n rhywle fod o'n beth da sugno y colyn allan...
WIL: Dwi'n teimlo lot gwell mwya sydyn.

Ar hynny mae Miss P yn rhoi ei phen ar goes Wil... ac mae hwnnw yn griddfan... daw Mary drwy'r drws a golwg blin iawn arni... toc mae Miss P yn codi ei phen ac yn poeri tuag at y gynulleidfa.

MISS P: Gotcha.

GOLAU ALLAN

SAIB EITHA HIR

GOLAU YMLAEN

Mae Wil a Sei a Mary yn eistedd o gwmpas y bwrdd... un bob pen a Sei yn y canol.

MARY: Nei di ofyn i dy dad os di'r organyddes bowld 'ne yn dod draw i'r tŷ 'ma heno?

Mae gwyneb Sei yn bictiwr.

SEI: Pam na ofynnwch chi iddo fo'ch hun Mam... dydio'n iste ar yr un bwrdd â chi...
MARY: (Yn flin) Ydi mwya'r piti.
WIL: Weli Mary... 'dwi 'di egluro iti be ddigwyddodd lawer gwaith 'do?
MARY: (Yn cymryd dim sylw) Gofyn iddo fo hefyd tra rwyt ti wrthi... pam fod o heb 'i drwsus ganol pnawn.

Mae Sei a'i geg yn agored.

SEI: Be gythrel oeddech chi'n neud?
MARY: 'Team leader' myn coblyn i.
WIL: (Yn gwenu yn wirion) Ma' dy fam 'di digwydd cymyd pethe o chwith... dene i gyd.
MARY: (Yn flin) Yr unig beth oedd o chwith oedd dy drowsus di William.
WIL: A 'roedd 'na reswm digon syml i hynny doedd?
SEI: Oedd 'ne?
WIL: Wel wrth gwrs fod 'ne.
MARY: (Yn ddagreuol) Syth drois i nghefn...
SEI: Rhag y'ch cywilydd chi.
WIL: Hei 'hold on'... does 'ne ddim byd yn mynd ymlaen rhwng Miss Peters a fi i chi ga'l deall... trio helpu i dynnu colyn o nghoes i oedd y ddynes druan.
MARY: Hy.
SEI: (Yn crafu ei ben) Pwy gythrel 'di Colin?
WIL: Am golyn cacynen deni'n sôn... y ffŵl.

MARY:	(Yn ddagreuol) A ninne i fod i ddathlu ein priodas ruddem mis nesa.
WIL:	Be ti'n feddwl <u>i fod</u>?
MARY:	Wel, fydd o ddim run fath rŵan 'na fydd... ar ôl be weles i gynne.
SEI:	(Yn corddi'r dyfroedd) O leia gewch chi wared o'i gwmpeini fo pan fyddwch chi ar y ffordd i Majorca (pwyslais ar y j) ar y'ch gwylie Mam.
WIL:	(Dan sioc) Majorca? (pwyslais ar y j)
MARY:	Ie.
WIL:	Soniest ti ddim, fod ni'n mynd i Majorca (pwyslais ar y j) Mary...
MARY:	Pam ddylwn i? Mynd y'n hun 'dwi beth bynnag.
WIL:	(Yn cynhyrfu) Dy hun?
MARY:	Ie... y'n hun... fatha'r ddynes Shyrli rwbeth ne'i gilydd 'na...
SEI:	'Valentine' Mam.
MARY:	Ie honno.
WIL:	A be dwi fod i neud hefo fi'n hun tra fyddi di ffwrdd?
MARY:	Gei di neud be lici di William... cyn belled a bod ti ddim yn ca'l 'piano lessons'.

Daw curiad ar y drws ac aiff Mary i'w ateb... clywir lleisiau a chwerthin yn y cyntedd a daw Mary i mewn a Miss Prydderch yn ei chwt... mae gan Miss Prydderch ryw wên barhaol annaturiol ar ei gwyneb.

MARY:	Miss Prydderch 'di hon o'r rhaglen 'Heno'.
WIL:	(Llais diarth) Noswaith dda a chroeso (Yn estyn ei law) William T Jones... 'team leader'.
G PRY:	Helo sut y'ch chi... Gwenllian Prydderch... 'Heno'.
SEI:	O'n i'n meddwl ma' nos fory oeddech chi yn ffilmio Miss Prydderch?
G PRY:	(Yn gwenu yn neis ar Sei) Gwenllian.
SEI:	(Yn swilio) Gwenllian... Sei 'dwi gyda llaw.
G PRY:	Ie, dechi'n iawn, nos yfory mae'r darllediad byw yn digwydd ... ond mae rhaid i ni baratoi'n drylwyr a gwneud yn siŵr fod popeth yn ei le ac ar amser y diwrnod blaenorol.
SEI:	(Yn freuddwydiol) Cymraeg da gennoch chi Miss (Gwenu'n blentynnaidd) Gwenllian.
MARY:	(Yn dangos ei hawdurdod) Dechi dipyn llai nag o'n i'n meddwl oddech chi ar y teledu Miss Prydderch...

Mae Gwenllian Prydderch yn gwenu'n sebonllyd ar Mary.

G PRY: Ma' hi dipyn yn gyfyng yma i ffilmio, tydi Mr Jones?
WIL: (Yn gwenu'n blentynnaidd) William.
G PRY: William.

Gwelir Mary yn plethu ei breichiau ac yn edrych yn ddig.

G PRY: (Yn chwifio ei dwylo) Fel hyn ma' hi am fod William... fyddwn ni'n dau yn cael sgwrs hefo'n gilydd o flaen y camera am hanes y gwirfoddolwyr sydd yn y grŵp... a thra bod ni'n dau yn sgwrsio fydd y grŵp yn mynd trwy'i bethe y tu ôl inni.
MARY: Lwcus doedd 'ne ddim camera o gwmpas yn gynharach 'doedd William?

Nid yw Wil yn cymeryd dim sylw ohoni.

SEI: (Yn gwenu'n blentynnaidd) Fi di'r 'victim' Gwenllian.
G PRY: Be?
SEI: Y dioddefwr sydd wedi ca'l damwain.
WIL: Dwi ddim wedi penderfynu eto, Sei.
SEI: (Yn flin) Ond ddaru chi addo y baswn i'n ca'l bod yn rhan o'r rhaglen.
MARY: 'Typical'... mae o wedi arfer torri c'lone rhywun Sei.
WIL: O'r gore... gei di fod yn y cefndir... rŵan bydd ddistaw.
G PRY: Rhaid imi eich atgoffa William fod y rhaglen yn fyw... a fedrwn ni ddim fforddio camgymeriade o unrhyw fath... sydd yn golygu fod yr iaith i fod yn weddus hefyd OK?
SEI: Gewch chi ddim rhegi fatha dechi'n neud ar y cŵn felly Dad.
WIL: (Yn bwysig) Fedrwch chi ymddiried yna i Gwenllian.
MARY: (Yn ochneidio) Faswn i ddim yn dibynnu ar y peth taswn i'n chi y mâch i.

Mae Miss Prydderch yn edrych ar ei watch.

G PRY: O ma'n rhaid imi fynd i gyfarfod y dyn camera... i ni gael chydig o luniau allanol o'r ardal cyn nos yfory.

Mae Miss Prydderch yn mynd am y drws, ac yn troi a rhoi 'wave' fach ar William a Sei cyn mynd trwyddo o'r golwg.

G PRY: Hwyl fawr... wela'i chi nes 'mla'n.

WIL: Hogan glên.
SEI: (Yn gwenu) Ie.
MARY: (Yn ochneidio) Dynion.

Clywir curo ar y drws a daw pen Pat i'r golwg.

PAT: Dwi'n rhy gynnar William?
WIL: Nagwyt... a fydde fo'n lles mawr petai ti yr un mor bromt yn bore...
PAT: (Wrth Mary a Sei) 'De chithe'ch dau yn iawn gobeithio?
MARY: Weles i well.
PAT: On i'n pasio y criw telifision 'na rŵan ar y'n ffordd yma William.
WIL: Ma' nhw 'di bod draw yma'n barod (Yn sythu) i drefnu pethe.

Mae Mary a Sei yn edrych ar eu gilydd mewn cywilydd.

PAT: Fydd isio 'mi ddeud rhywbeth William?
WIL: Na... ofala i am gynnwys y deud Pat... fyddi di yn y cefndir.
PAT: (Yn cynhyrfu) Yn rhoi y 'kiss of life' i Miss Peters ie?
MARY: (Yn flin) Y nefoedd fawr... does na ddim pen draw i g'wilydd y ddynes 'ne.
WIL: (Yn nerfus) Na... fyddi di na neb arall yn rhoi y 'kiss of life' i unrhyw un.
PAT: (Yn siomedig) Ooo.
SEI: Ddos ti â'r bandejis hefo ti Pat?

Mae Pat yn tynnu rôl mawr o bandejis o'i fag.

PAT: Do tad.
WIL: Pam ewch chi'ch dau i'r parlwr i bractisio hefo'r bandejis 'ne... ddudwn i fod Sei wedi torri ei fraich .
PAT: (Yn gonsyrnd) Ti 'di torri dy fraich Sei bach? O, ma'n ddrwg gena i glywed... dio'n boenus?
WIL: (Yn ddilornus) Pat...
PAT: Ie?
WIL: Dydi Sei ddim wedi torri ei fraich go iawn... cymryd arnom fod o 'di thorri hi 'de ni iawn?
PAT: O, wela i... sori, William.
MARY: (Yn ysgwyd ei phen) Ma' gen 'Casualty' lot i ddysgu oddi wrtho chi'ch tri does?

Aiff Sei a Pat o'r golwg.

MARY: (Mae Mary yn estyn ei handbag) Gan fod ti'n mynnu chware doctors a nyrsus... d'wi am bicied i' dre' i chwilio am rhywbeth neis i wisgio at nos fory... a dallta un peth William T Jones...
WIL: Ie?
MARY: Ti sy'n talu.

Ac aiff allan o'r golwg trwy ddrws y buarth gan roi clep go eger iddo... clywir sŵn car yn y buarth ac mae Wil yn gwylio ei wraig yn mynd trwy'r ffenest... yna aiff yn syth i'r cwpwrdd i nôl y parsel, ac mae yn ei agor y tu ôl i'r soffa o olwg y gynulleidfa... gwelir papur y parsel yn cael ei daflu dros y soffa... Clywir curo ar y drws, a daw pen Wil i'r golwg o du ôl y soffa mewn panic. Mae'n edrych yn bryderus tuag at y drws... mae'n codi ar ei draed ac yn hel y papur yn frysiog a'i bwshio i'r cwpwrdd hir... daw Huw Dilwyn i'r golwg a Miss Peters yn ei gwt... mae'r ddau mewn tracsiwts sy'n matchio... ac mae Huw Dilwyn yn dal i wisgo ei goler gron.

H.D.: Henffych William Jones... gobeithio na deni ddim yn rhy gynnar?
MISS P: Deni'n ecseited y'n dau... yn tyden Mr Dilwyn?
H.D.: A deud y gwir dwi ddim wedi bod mor ecseited â hyn ers pan ddaru'r Henadurieth ddod acw i gynnal 'i bwyllgor blynyddol.
WIL: Mae o'n anrhydedd mawr i'r grŵp bach yma o'r ffyrst rispondars gael eu gweld gan y miloedd ar draws Cymru.
H.D.: (Yn obeithiol) Fydda'i angen dweud gair William Jones? Dwi 'di paratoi ryw ychydig o eirie. (Wedi estyn darn o bapur)
WIL: (Fel 'shot') O nafydd, nafydd, Mr Dilwyn Bach... ma' Gwenllian... yyy Miss Gwenllian Prydderch wedi bod yma'n barod yn mynd dros y cwestiynau penodedig o flaen llaw hefo fi.
H.D.: (Yn siomedig) O, dyne chi te.
MISS P: (Yn gwenu'n ddireudus) Di'ch coes chi'n well?
WIL: (Yn trio 'sgoi ateb) Ydi 'champion'... rŵan gadwch inni ddechre paratoi yn drylwyr at nos 'fory... ydi'r 'Desibrilator' geno chi Miss Peters?

MISS P: Diffibriletyr dechi'n feddwl ie, William Jones? (Dal cês i fyny) Ydi.
WIL: Da iawn... a'r bocs Cymorth Cyntaf yn llawn?
H.D.: I'r ymylon, William Jones. (Dal o fyny)
WIL: Y peth cynta deni am neud heno 'di practisio 'chest compression'.

Mae Miss Peters yn mynd i orwedd i lawr yn syth ar y llawr.

MISS P: (Llais dwfn) Dwi'n barod.
WIL: I be?
MISS P: (Llais dwfn) I chi gael compressio'n mrest i.
WIL: (Yn gwenu) Codwch Miss Peters bach... fydd ddim rhaid ichi orwedd ar yr hen lawr oer 'ne ddim chwaneg.
MISS P: (Yn codi ar ei heistedd ac yn siomedig) Oooo...

Mae Wil wedi mynd tu ôl i'r soffa ac wedi cydio mewn dol blastic fawr... mae'n ei dangos i'r ddau... mae'r ddol yn fwy 'porno' na meddygol ac mae gwên ar ei hwyneb.

WIL: Dwi wedi ca'l hon yn bwrpasol ar y'n cyfer ni fel grŵp...

Mae Huw Dilwyn yn rhoi ei fraich dros ei lygaid.

H.D.: I be?
WIL: Ie dene chi, Mr Dilwyn o fan'no ges i hi... o'r un lle a dechi'n ca'l y'ch dronsus.
H.D.: Nid dene dwi'n feddwl... pam fod 'i hangen hi o gwbwl, William Jones?
WIL: Wel yyyn gynta... 'di ddim yn deg ar Miss Peters i orwedd ar yr hen lawr oer 'ma.
MISS P: (Yn freuddwydiol) Dwi ddim yn meindio o gwbwl..
WIL: Ac yn ail... fyddwn ni yn gallu ymarfer hefo hon... aaaaa marcio gwahanol ddarne meddygol diddorol ohoni hefo ffelt pen os bydd angen.
MISS P: Ddaw o ffwrdd?
WIL: Be?
MISS P: Ddaw y ffelt pen i ffwrdd o'i chorff hi?
WIL: (Yn flin) Siŵr braidd... rŵan gadwch inni gario 'mlaen â'r ymarfer 'ma.

Mae Wil yn rhoi y ddoli blastig i orwedd â'i phen at ddrws y llofft.

WIL: Rŵan Mr Dilwyn cerwch chi ar y'ch glinie yn fama... a rhoi y'ch llaw ar 'i brest hi.
H.D.: Ooo 'dio raid imi?
WIL: Be tase hi yn fater o 'Life or death' ar y gradures, Mr Dilwyn?
H.D.: Wel ie... ma' hynny...

Mae Huw Dilwyn yn araf eistedd ar y ddol a'i goesau bob ochor iddi (*straddle*) ac yn trio ffindio ei brest hefo'i ddwylo heb edrych arni... mae Miss Peters yn cydio yn ei ddwy law ac yn ei rhoi ar frestiau y ddol.

MISS P: Dene chi Mr Dilwyn bach.

Mae golwg reit annifyr ar Huw Dilwyn yn eistedd ar y ddol ac yn cydio yn ei brestiau.

WIL: Rŵan Mr Dilwyn triwch ga'l chydig o 'rythm'.
H.D.: Rhythm'?
WIL: Ie... i'ch helpu chi gadw amser... fyny ac i lawr... fyny ac i lawr
H.D.: Fel be felly?
WIL: Meddyliwch am emyn ne' rhywbeth.
MISS P: Na i fwmian hefo chi... os 'di hynny ryw help.

Mae Huw Dilwyn i'w weld yn dechre pwmpio brestiau'r ddol ac yn dechrau mwynhau.

H.D.: (Gyda Miss Peters yn mwmian yn y cefndir) Nid wy'n... gofyn... bywyd... moeth... us... aur y... byd... na'i... berlau mân... gofyn 'rwyf... am gal... on... hapus... calon onest... calon lân.

Daw Pat i mewn drwy ddrws y llofft gan edrych â'i geg yn agored ar Huw Dilwyn... mae y gw'nidog yn codi yn sydyn.

WIL: Da iawn, Mr Dilwyn... proffesiynol iawn.
PAT: Ga i 'go'?
WIL: (Yn flin) Nachi.

Mae Pat wedi gweld Miss Peters ac yn rhyw wenu arni.

PAT: Dechi'n iawn, Miss Peters?
MISS P: (Yn swilio) Iawn diolch Pat... dechi'n iawn?

PAT: Ydw tad... lot gwell o'ch gweld chi 'de...
WIL: (Yn ysgwyd ei ben) Pan fydd Romeo a Juilet 'di gorffen... hwyrach cawn ni gario 'mlaen... ges ti orffen bandejo, Sei?
PAT: (Yn ymffrosgar) Do.
WIL: Wel lle mae o te?
PAT: Nai nôl o rŵan...

Ac aiff Pat at y drws a galw ar Sei... daw hwnnw i'r golwg wedi ei orchuddio o'i fol i fyny mewn bandejis a dim ond ei lygaid a'i geg yn y golwg.

PAT: (Yn ymffrostgar) Be dechi'n feddwl?
WIL: (Yn flin) Pat.
PAT: Ie William?
WIL: Be ddudes i wrtha ti cyn iti fynd?
PAT: Am fandejo Sei.
WIL: Ie, a be ddudes i wrtha ti oedd yn bod arno fo?
PAT: 'Di torri 'i fraich.
WIL: Fase sling 'di gneud y tro felly base? Dydio fel 'mummy' gen ti.
PAT: Sori, William...ond nes i ddechre mwynhau'n hun 'do... o'n i'n methu stopio...
MISS P: Dwi run fath hefo'r organ... unweth 'dwi 'di dechre... dwi'n methu stopio.

Erbyn hyn mae y Parch. Huw Dilwyn wedi eistedd ar un pen i'r soffa ac mae Sei yn eistedd ar y pen arall... mae Wil wedi codi y ddol ac wedi ei gosod i eistedd rhwng y ddau (ond yn rhyw edrych ar y gweinidog). Dyw Huw Dilwyn ddim yn gallu edrych arni, ond mae Sei â diddordeb mawr ynddi... mae Wil ar ei liniau yn mynd trwy y bocs Cymorth Cyntaf ac yn gwneud nodiadau ar ei 'Clipboard'.

Mae Pat a Miss Peters wrth y bwrdd.

PAT: Ma' hi'n gallu bod reit unig arna i pan fydda'i wedi mynd adre ar ôl rhannu post wyddoch chi Miss Peters.
MISS P: Fydda'i inne ddim yn gweld rhyw lawer o neb chwaith o Sul i Sul.
PAT: Pam na ddowch chi draw 'cw weithie i rannu ryw hot tjoclet bach.

Tra mae'r sgwrs yma yn mynd rhagddi mae Sei wedi bod yn inspectio'r ddoli yn ei ymyl a gwelwn ef yn pwyso rhyw fotwm ar ei braich.

Y DDOLI: (Llais secsi) "Hia big boy."

Mae Huw Dylan yn neidio..a Wil a'r ddau arall yn edrych ar y ddoli mewn syndod.

SEI: Nefoedd ma' hon yn gallu siarad Dad... chi sydd bia hi ie Mr Dilwyn?
H.D.: (Wedi cymryd ato) Y nefoedd fawr nage... y'ch tad gafodd hi o rywle.

Ac mae Sei yn pwyso ei braich eto.

Y DDOLI: (Llais secsi) "Is that a banana you've got in your pocket honey, or are you just glad to see me."

Ma' Huw Dilwyn yn neidio ar ei draed.

H.D.: Ma' hyn yn warthus William Jones... gwarthus.
WIL: Dwed i mi Pat... o pa 'medical journal' yn hollol ordrest ti hon?
PAT: 'Medical Journal'?
WIL: Ie.
PAT: (Yn gwenu) Na... na dechi 'di camddallt William... prynu hon yn rhad ar Î Be nes i gen ryw foi o 'Soho'... o'dd geno fo lond fan ohonny nhw medde fo... dechi isio chwaneg.
WIL: Arglwydd mawr nagoes.
PAT: Be amdanat ti, Sei?
WIL: (Yn flin) Nagoes 'dio ddim isio un chwaith.
PAT: (Yn obeithiol) Mr Dilwyn?
H.D.: (Yn flin) Nagoes wir... a dwi'n gobeithio'n fawr na ddaw hon i'r golwg nos yfoy ar 'Heno' William Jones... rhaglen fydd plant bach diniwed yn ei gwylio.
WIL: Fedra'i y'ch sicrhau chi, Mr Dilwyn, na welwch chi ddim modfedd o'i ymmm chorff hi...
H.D.: Dwi'n falch o glywed.
WIL: (Yn betrusgar) Ond gan 'i bod hi'n digwydd bod yma 'de... faswn i'n hoffi 'i defnyddio hi i ddangos un 'position' arall holl bwysig ichi fel tîm.

MISS P: (Yn obeithiol) Gewch chi 'y nefnyddio i os liciwch chi William Jones.
PAT: (Yn flin) Nachith ddim.
WIL: Na ma'n iawn Miss Peters... rŵan daliwch sylw pawb...

Mae Wil yn gafael yn y ddoli ac yn ei dal o'i flaen fel bod y ddau yn gwynebu'r drws allanol... mae'n rhoi ei ddwylo o'i hamgylch.

WIL: Rŵan petai un ohonoch chi'n digwydd llyncu rhywbeth a ma' hwnnw wedi mynd yn sownd yn y'ch gwddw chi dyma sy' isio 'i neud... rhoi eich breichiau rownd y claf o'r tu ôl a rhoi gwasgiad sydyn... mi ddyle hynny ryddhau y blocej.

Gwelir Wil yn gwneud hyn ryw ddwy waith... yn anffodus mae ei ddwylo yn y lle anghywir (llaw ar bôb brest) Daw Mary i mewn o ddrws y buarth ac mae'n edrych ar Wil a'r ddoli a cheg agored.

Y DDOLI: (Llais secsi) "Mmmmm that's nice... do it again honey."

GOLAU ALLAN

SAIB HIR

GOLAU YMLAEN

Gwelir cegin yr Hendre yn deidi ac yn lân, a neb ar y llwyfan... daw Mary i'r golwg hefo clwt a pholish... mae'n mynd i bolisho'r bwrdd a'r gwydr ar y wal... mae'n clywed sŵn car ar y buarth ac yn edrych drwy'r ffenest.

MARY: O'r nefoedd ma' nhw yma'n barod... a finne heb orffen gwisgo'n iawn...

Curiad ar y drws... a daw pen Miss Prydderch i'r golwg yn gwenu fel giât ac yn dal meicroffon mawr blewog... mae Mary yn cuddio y polish.

G PRY: Noswaith dda, Mrs Jones... ydi William Jones a'i griw yn barod amdanon ni?
MARY: (Yn flin) Dwi ddim 'di gweld run ohony nhw ers neithwr, Miss Prydderch... a dwi'm yn synnu chwaith.
G PRY: (Yn bryderus) Dwi'n gobeithio na fydda nhw'n hwyr... mae'r darllediad yn un byw wyddoch chi.

MARY: (Yn sarcastig) O peidwch â phoeni Miss Prydderch... o nabod 'y ngŵr i fydd o ddim yn colli cyfle i ga'l ei weld... o nafydd.
G PRY: Dwi yn 'i edmygu o gymaint...
MARY: O'n inne hefyd... ar un adeg.
G PRY: Yn rhoi o'i amser prin i helpu eraill.
MARY: Dechi'n sôn am yr un boi â fi, ydech?

Gwelir dyn camera yn dod i mewn ac mae Miss Prydderch yn mynd ato i roi cyfarwyddiadau iddo... daw Huw Dilwyn a Miss Peters drwy'r un drws yn gwisgo eu tracsiwts lliwgar.

H.D.: Wel, ma'r awr fawr ar ein gwarthaf ni gyfeillion.
MARY: A fyddai'n falch iawn o'i gweld hi 'di cyrredd... a 'di mynd...
MISS P: Dwi di dysgu bob gair o'r 'First Aid manual' fel 'Rhodd Mam' jyst rhag ofn iddyn nhw ofyn cwestiwn i mi ohono fo...
MARY: Ond dim ond pum munud ma'r holl beth am fod.

Daw Pat drwy'r drws... mae'n gwisgo tracsiwt run fath â'r ddau arall... a chap postman ar ei ben... aiff ar ei union at Miss P.

PAT: (Yn cydio yn ei llaw) Dechi'n edrych yn 'radient', Miss Peters...
MISS P: (Yn swilio) O diolch Pat... ma'ch 'outfit' chi yn smart gynddeiriog hefyd.
PAT: Dwi ddim yn meddwl mod i 'di gweld chi hefo 'lipstick' o'r blaen.
MISS P: (Yn pwshio ei gwefusau allan) 'Crimson passion'.
PAT: Neis... dwinne 'di rhyw daflu chydig o 'dalc' ar y mrest yma ac acw cyn dod hefyd.

Daw Sei i'r golwg o ddrws y llofft... mae'n gwisgo siwt, ac mae'n mynd o flaen y gwydr i sythu ei dei a gwneud ei wallt... mae'n rhoi wêf fach ar Miss Prydderch sy'n dal i roi cyfarwyddiadau i'r dyn camera.

SEI: (Wrth ei fam) Lle mae o te?
MARY: Pwy?
SEI: Doctor Livingston.
MARY: Sut wn i... mae o 'di cloi 'i hun yn y bathrwm ers orie dydi.
SEI: Dene oedd y mymblan 'na ie... fo'n mynd dros 'i 'speech'.
MARY: Dio'm fatha bod o'n deall na dim ond ryw chydig o funude barith yr holl gyfweliad.

Daw Wil drwy'r drws yn gwisgo dillad paramedic... mae pawb yn edrych arno.

G PRY: (Yn brysio tuag ato) Ah William Jones... fyddwn ni'n recordio mewn rhyw bum munud.
WIL: (Yn sythu) Dwi'n barod y mâch i.
MARY: Wil.
WIL: Ie?
MARY: Cau dy falog.

Mae Wil mewn embaras llwyr ac yn troi ffwrdd i gau 'i falog... ac mae Sei yn chwerthin am ei ben.

G PRY: Tri munud pawb.

Mae Wil yn trefnu i'r criw sefyll o flaen y soffa ac mae yntau yn sefyll o'u blaen yn bwysig i wynebu'r camera... mae Miss Prydderch bellach yn mynd dros ei leins yn ddistaw.

G PRY: Munud Pawb.

Gwelir pawb yn ryw deidio ei hunen a thwtio eu gwallt.

DYN CAMERA: 4... 3... 2... 1
G PRY: (Gwên sebonllyd) Helo... a dwi yma heno ar fferm yr Hendre, lle mae tîm ymateb cynta yr ardal fach hyfryd hon yn cael noson o ymarfer cymorth cynta... ac wrth gwrs mae tîm 'Heno' wedi dod yma i gofnodi'r achlysur... un o sylfaenwyr y grŵp gweithgar yma yw William Jones.
WIL: (Yn ei chywiro) T.
G PRY: William **T** Jones... sut yn hollol gychwynnodd yr holl beth.
WIL: (Yn clirio'i wddf) Wel, Gwenllian... benderfynes i fod yn rhaid inni wneud rhywbeth fel ardal... i liniaru poen a gofid.

Mae y criw tu ôl iddo yn edrych ar ei gilydd mewn angrhedinieth... mae Pat yn stuchan wrth drio tynnu rhywbeth o'i boced.

G PRY: A dyma chi'n arbed ar y cyfle?
WIL: Fel un o bileri y gymdeithas roeddwn i'n teimlo fod rhaid imi ymateb i sialens a...

Cyn i Wil orffen ei frawddeg mae Pat wedi agor bocs bach ac wedi mynd ar ei liniau o flaen Miss Peters.

PAT: Miss Peters... newch chi 'y mhriodi fi?

Mae llygaid pawb yn cynnwys Gwenllian Prydderch a'r camera yn canolbwyntio ar Pat a Miss Peters.

WIL: A fel o'n i ar ganol deud...
G PRY: (Yn cymeryd dim sylw o Wil) Oh... am gyffrous, mae un o'r criw gweithgar yma wedi gofyn i un arall o'r grŵp i'w briodi.
WIL: Ond be am...

Mae Miss Prydderch bellach wedi mynd a stwffio'r meicroffon blewog yn wyneb Miss Peters sydd ar fin llewygu.

G PRY: (Wedi cynhyrfu) Dyw hyn erioed wedi digwydd o'r blaen yn fyw ar 'Heno'.

Mae Miss Peters yn llewygu i'r llawr ac mae Pat ar ei liniau yn dal ei phen i fyny.

WIL: (Yn gweld ei gyfle ac yn mynd at y case sy'n dal y 'Defibrillator') Reit. Pawb. 'Stand back'. 'Stand back'. 'Let me through'.

Mae Huw Dilwyn bellach yn gweiddi hefyd mewn panic.

H. D.: 'Stand back'... 'Stand back'.

Aiff Wil at Miss Peters gan roi y weiars ar ei chorff.

G PRY: (I'r camera) Dydi hyn yn gynhyrfus.
PAT: Ga' i roi 'kiss of life' iddi rŵan 'te, William?
WIL: Nachi... a beth bynnag... mae'n edrych yn debyg gei di ddigon o gyfle yn y dyfodol rŵan tydi?
WIL: 'Administer shock'.

Yn anffodus does dim yn digwydd.

WIL: (Gweiddi'n uwch) 'Stand back'... 'Administer shock'...

Does dim yn digwydd eto chwaith.

G PRY: Be sydd William Jones... ydi pob peth yn iawn?
WIL: (Wedi gwylltio) Be ddiawl sydd ar y bali machine 'ma'...
H.D.: (Wedi cynhyrfu) Gwyliwch y'ch iaith William Jones... dechi'n fyw ar y teledu cofiwch.

WIL: (Dal wedi gwylltio) 'Sa ga' i y blincin 'diffibriletor 'ma i weithio toc miiii...

SEI: (Yn llyweth) Dwi'n meddwl mod i'n gw'bod be sy'n bod arno fo Dad.

Mae pawb yn troi at Sei yn cynnwys y camera.

SEI: Ddaru fi iwsio 'i fatri o i danio'r tractor gynne.

Erbyn hyn mae Miss Peters yn dechre dod at ei hun.

MISS P: (Yn freuddwydiol) Hwn ydi'r nefoedd ie?

G PRY: (Yn stwffio y meic blewog o'i blaen) Be di'r ateb am fod? Mae miloedd o wylwyr 'Heno' yn disgwyl yn eiddgar am eich ateb..

MISS P: (Mewn stad) Y chi ydi'r angel Gabriel ie?

Mae Wil yn codi yn wyllt.

WIL: Blincin hec... dwi 'di ca'l llond bol... 'roedd hi i fod yn noson fawr arna i heno... miloedd ar y teledu yn gwylio... a ma' bob peth 'di mynd o chwith... feder pethe ddim mynd yn blydi gwaeth...

Gwelir coesau noeth y ddoli yn codi yn araf o du cefn y criw o flaen y soffa... a gwelir pawb, yn cynnwys y camera yn dilyn y ddoli sydd â'i phen i lawr yn diflannu yn araf i'r entrychion.

Y DIWEDD